经济管理学术文库·法律类

政府购买养老服务规制研究

A Study on the Legal Regulation of
Government Purchasing Aged Care Service

于新循／著

图书在版编目（CIP）数据

政府购买养老服务规制研究/于新循著. —北京：经济管理出版社，2020.6
ISBN 978-7-5096-7291-4

Ⅰ.①政… Ⅱ.①于… Ⅲ.①养老—社会服务—政府采购制度—研究—中国 Ⅳ.①D669.6 ②F812.2

中国版本图书馆 CIP 数据核字（2020）第 133865 号

组稿编辑：曹　靖
责任编辑：杜　菲
责任印制：黄章平
责任校对：董杉珊

出版发行：经济管理出版社
　　　　　（北京市海淀区北蜂窝 8 号中雅大厦 A 座 11 层　100038）
网　　址：www.E-mp.com.cn
电　　话：（010）51915602
印　　刷：北京玺诚印务有限公司
经　　销：新华书店
开　　本：720mm×1000mm/16
印　　张：11.75
字　　数：200 千字
版　　次：2020 年 6 月第 1 版　2020 年 6 月第 1 次印刷
书　　号：ISBN 978-7-5096-7291-4
定　　价：78.00 元

·版权所有　翻印必究·
凡购本社图书，如有印装错误，由本社读者服务部负责调换。
联系地址：北京阜外月坛北小街 2 号
电　话：（010）68022974　　邮编：100836

目 录

第一章 政府购买养老服务的认识引入 ………………………………… 1

    第一节 现实之下的基本解读 ……………………………………… 1

    第二节 政策法规的因势利导 ……………………………………… 14

    第三节 目前凸显的"法治赤字" ………………………………… 22

第二章 政府购买养老服务的概念透视 ………………………………… 29

    第一节 基本概念的分解 …………………………………………… 29

    第二节 临近概念的判别 …………………………………………… 53

第三章 政府购买养老服务的理论基础 ………………………………… 66

    第一节 人权保障理论 ……………………………………………… 66

    第二节 委托—代理理论 …………………………………………… 68

    第三节 新公共服务理论 …………………………………………… 70

    第四节 福利多元主义理论 ………………………………………… 73

    第五节 多中心治理理论 …………………………………………… 76

第四章 政府购买养老服务的域外经验 ………………………………… 80

    第一节 国外典型制度引要 ………………………………………… 80

    第二节 可资借鉴的几点启示 ……………………………………… 90

第五章　政府购买养老服务的法治进路 ················· 95

第一节　摒弃购买不合理对待，坚守最基本的平等原则 ········· 95
第二节　消除购买内部化，推进社会组织自治化与市场化 ······· 104
第三节　走出购买单向合作误区，恪守契约精神并强化合同治理 ······ 112
第四节　防范购买超范围及缺标准，完善清单制和健全标准体系 ····· 133
第五节　改观购买失范，规范流程、强化绩效、全面监督及明确责任 ················· 142
第六节　加快政策法规体系构筑，实现"硬法软法和谐共治" ······ 163

参考文献 ································· 168

后　记 ································· 181

第一章 政府购买养老服务的认识引入

第一节 现实之下的基本解读

一、老龄化的必然应对

(一) 严峻情势

21世纪的中国已然是一个不可逆转的老龄化社会①,老龄化构成中国经济社会转型持续深化的基本背景,并成为中华民族复兴进程中所必须倾力解决的重大问题。特别是"跑步前进"的老龄化情势极其严峻,更给"未富先老"且"未备先老"的中国社会带来了前所未有的巨大挑战(于新循,2017)。

对此,2013年《国务院关于加快发展养老服务业的若干意见》(国发〔2013〕35号)这一中国养老服务业纲领性文件就明确指出:"我国已经进入人口老龄化快速发展阶段,2012年底我国60周岁以上老年人口已达1.94亿,2020年将达到2.43亿,2025年将突破3亿。"而现实进程更加严峻,即如李克强总理在2019年3月15日"两会"闭幕后答中外记者会时所直接指出的,"我国60周岁以上老龄人口已近2.5亿,65周岁以上有1.7亿"。按照国家统

---

① 依据维也纳老龄问题世界大会和联合国确定的划分标准,当某地区60周岁及以上人口比例超过10%或65周岁及以上老年人口数量占总人口的比例超过7%时,该地区便进入老龄化。20世纪与21世纪之交,我国60岁以上老年人口就超过了总人口的10%,人口年龄结构开始进入老龄化阶段。至于本书所指的老年人,即按《老年人权益保障法》第2条规定"本法所称老年人是指60周岁以上的公民"。

计局发布的最新老年人口统计则具体为：2018年年末中国大陆60周岁及以上人口24949万人，占总人口的17.9%，其中65周岁及以上人口16658万人，占总人口的11.9%。

(二) 养老服务

老龄化社会的必然应对——养老服务。所谓养老服务，我们将其定义为：由养老服务机构为住养老人提供综合性机构养老服务，以及由养老服务机构、社区日间照料中心等居家养老服务组织及个人为居家老人提供专业化、社区化的居家养老服务（国外也称社区照顾），满足老年人生活照料、健康护理、精神慰藉乃至新兴的"医（康）养结合"等养老需求的有关服务。

在当今我国"居家（基础）—社区（依托）—机构（补充）"的合作共担养老服务体系的基本意蕴下，相对于基础性的居家养老服务与补充性的机构养老服务，社区养老服务这一依托性的养老服务形式，实际上已成为以居家养老服务为主、机构养老服务为辅的一种全面整合社区资源和各方面力量的复合性养老服务模式。例如，民政部于2001年6月8日正式推出了"全国社区老年福利服务星光计划"（2001年6月~2004年6月），此举开启了养老模式新篇章，社区居家养老服务模式逐渐兴起。事实上，国外养老服务便历经了从机构化到去机构化的演变，社区居家养老服务以至政府购买社区居家养老服务在西方发达国家早已成为一种主流的养老模式，如英国政府购买养老服务模式的最大特色即凸显其社区照顾。另外，我国一些地方实践也开始探索智慧社区养老服务、虚拟机构养老服务①等"互联网+"时代下日渐走近的更新模式。

正是在此意义下，政府购买养老服务分为政府购买社区居家养老服务和政府购买机构养老服务两大类（章晓懿，2012）。与此同时，在社区居家养老服务这

---

① 智慧社区养老服务是指依托先进的互联网技术，为有需求老年人提供便捷、高效、科学、人性的智能养老服务。例如，天津市南开区昔阳里社区即是天津市首个智慧社区养老服务中心，而且采取的是政府购买养老服务的方式，它让社区老年人足不出户就能享受移动互联网带来的高品质的幸福晚年生活。虚拟机构养老服务是指专业看护人士上门登户为老年人供应服务的运作形式，其实就是养老服务机构走向社区、住户的供给延伸服务。尽管有"虚拟"一词存在，然而其所提供的服务却是实实在在的，显著特点在于依托既存的养老服务机构，把多维的服务直接输送给每位有需要的老年人。这种模式的创立最早就起源于天津市，如2009年2月天津劲松护养院联合由中国老龄事业发展基金会筹建的寸草心敬老志愿者联盟共同探索的寸草心养老新模式，即为我国虚拟养老院的雏形。参见刘钊玮：《天津市政府购买养老服务问题研究》，天津财经大学2017年硕士学位论文。

一主流模式下,居家养老服务则作为社区养老服务主要组成部分并以养老服务组织为主进行上门服务和社区日托作为其运作的主要形式①,实乃"政府和社会力量依托社区,为居家的老年人提供生活照料、家政服务、康复护理和精神慰藉等方面服务的一种服务形式",并成为"对传统家庭养老模式的补充与更新,是我国发展社区服务,建立养老服务体系的一项重要内容"②。

当然,不同语境理解下也有学者认为,政府购买的养老服务可以分为居家养老服务、社区养老服务和机构养老服务,最广义的养老服务包括物质生活服务、精神生活服务和社会参与服务(袁维勤,2012)。其实,这种不同语境理解下的养老服务三分法也并无不当,如2017年《青岛市政府购买养老服务管理办法》第7条第1项规定的基本养老服务购买事项即包括居家养老服务项目,主要包括为符合政府资助条件的老年人购买助餐、助浴、助洁、助急、助医、护理等上门服务和信息服务。社区养老服务项目主要包括为老年人购买社区日间照料、老年康复文体活动等服务。机构养老服务项目主要为"三无"(无劳动能力,无生活来源,无赡养人和扶养人或者其赡养人和扶养人确无赡养和扶养能力)老人、低收入老人、经济困难的失能半失能老人购买机构供养、护理服务及其他符合政策的购买养老服务事项等。

显然,面对我国巨量的老龄人口与深度的老龄化社会,在向理想型的老龄化社会转型过程中,针对多样性、动态性、多层性的养老服务需求得不到有效满足之现实,有学者洞悉并期待道:除了积极建立起与中国阶段性国情和未来发展动向相契合、关乎钱方面问题且已基本实现全覆盖的养老保险体系,还要建立起更具难度与挑战、需要全面顾及并长期推进的关乎人和资源方面问题的养老服务体系(潘屹,2014;丁建定和李薇,2014)。而这一关乎人和资源的养老服务体系

---

① 就提供社区居家养老服务的机构而言,作为地方标准的2010年《上海市社区居家养老服务规范》就规定了两类服务机构,即上门提供服务的机构与日间集中提供服务的机构,可见其是以上门服务和社区日托为主要形式的。

② 居家养老服务的这一界定来自2008年4月24日全国老龄委办公室、发展改革委、教育部、民政部、劳动和社会保障部、财政部、建设部、卫生部、人口计生委、税务总局联合发布的《关于全面推进居家养老服务工作的意见》(全国老龄办发〔2008〕4号)。另外值得关注的是,2018年宁波在全省率先出台的《宁波市居家养老服务条例》更为周延地规定了居家养老服务,即"以家庭为基础,以城乡社区为依托,由政府提供基本公共服务,企业和社会组织提供专业化服务,基层群众性自治组织和志愿者提供公益和互助服务,为居住在家的老年人(以下简称居家老年人)提供的养老服务"。

的全面顾及与长期推进,当然应是基于适度普惠型养老服务目标定位下的因应构建。

(三) 目标定位

根本而言,养老服务问题乃社会福利意蕴下的养老保障问题①,首先需要解决的便是找准适应我国转型期社会结构及社会需求的社会保障目标定位。这里涉及的目标定位理论,是西方国家在社会福利政策改革进程中兴起的一种思潮。按照西方学者的定义,"目标定位是指把社会保障资源分配给人口中的一个特定子群体(通常是那些被认为是最贫困的人)的过程","任何试图确定一项社会风险和相关受益人(受保护者)的做法都可被称作目标定位","在社会福利政策中,目标定位这一概念通常指将稀缺资源有效地分配给那些最需要的人"(杰尔伯特,2004)。

就我国而言,2007年民政部提出推进我国社会福利由补缺型向适度普惠型的战略升级,显然意味着现实和未来更为适宜的理性选择。但在养老服务目标定位这一基点问题上,目前研究当中仍有一种不当倾向,那就是缺乏政府职能的明确定位,甚至存在一些动辄减轻甚至剥离政府责任的不当观念。一些研究囿于英美为代表、过于强调依靠家庭与市场作用的补缺型养老服务理念,更倾注于美国模式——然而,以合同外包(Contracting Out)为主、公私合作(PPP)为辅,并以竞争选择程序为主、非竞争选择程序为辅的美国模式,因其过于市场化已经呈现出政府退出、支持不足以及行政监管机制弱化、两极分化不断扩大等缺陷。同时,对于北欧模式下以瑞典挪威等福利国家为代表、过于强调国家和政府作用的普惠型养老服务理念,国内学者在我国所应选取的价值取向、模式选择等问题

---

① 就其中易于混淆的社会福利(Social Welfare)与社会保障(Social Security)这对既相互包容又相互区别的概念而言,一方面,社会福利在西方国家具有广义与狭义的定义并同时具有服务、制度、责任与状态四种性质。而按照国内学者观点,我国社会福利经历了慈善事业、社会事业、社会福利的历史发展过程,具有行为(包括服务)、事业、制度、状态等含义;另一方面,西方国家较少使用同样也有广义与狭义的社会保障概念,且其定义较为狭窄,更强调社会保障的补缺性与安全性。总体上讲,社会福利是比社会保障范围更广、层次更高的概念。参见孔伟艳:《社会福利与社会保障的概念辨析》,《中共天津市委党校学报》2011年第5期。

上也是各抒己见①。

可以这么说，基于我国现已采取的能更好契合补缺型与普惠型、更能恪守底线公平并兼具效率的适度普惠型养老服务的目标定位，认为政府在养老服务上应当做出更显价值的市场化投入，并进而重视政府购买养老服务，已获得广泛认同与研究支持。

（四）合作共担

事实上，一场围绕养老服务体系建设的老龄化社会重塑已经开启。在当下业已成型的中国"4-2-1"家庭模式下，各地也在积极应对如"9073"养老服务格局，亦即90%的老年人通过家庭照顾养老，7%的老年人通过社区照顾实现居家养老，剩下3%的老年人入住养老服务机构集中养老。这是上海市率先提出的养老服务格局，相应的还有北京市提出的"9064"养老服务格局。于此之下，我国开始逐渐形成居家（基础）—社区（依托）—机构（补充）的合作共担的养老服务体系，以应对来势凶猛的"银发浪潮"。

在合作共担政策推进上，虽然2006年《国务院办公厅关于加快发展养老服务业的意见》（国办发〔2006〕6号）早已在机构养老补充地位下提出了"逐步建立和完善以居家养老为基础、社区服务为依托、机构养老为补充的服务体系"要求，但2013年《国务院关于加快发展养老服务业的若干意见》却在机构养老支撑地位下明确了"到2020年，全面建成以居家为基础、社区为依托、机构为支撑的，功能完善、规模适度、覆盖城乡的养老服务体系"的发展目标。然而，2015年《中共中央关于制定国民经济和社会发展第十三个五年规划的建议》又提出了"建设以居家为基础、社区为依托、机构为补充的多层次养老服务体系"的新要求，亦即机构养老地位又由"支撑"下降为或者说再回到了"补充"。值

---

① 有学者就此指出：我国改革开放以来，事实上社会福利一直作为市场经济体制改革的配套措施加以推进，学界对社会福利的不少研究也是短期的、应急性的，缺乏对社会福利目标方向等基础性理论研究。参见代恒猛：《从"补缺型"到适度"普惠型"——社会转型与我国社会福利的目标定位》，《当代世界与社会主义》2009年第2期。笔者也曾就此揭示道：特别是对于坚守福利性、公益性之本性，并以普惠型为一般原则且以补缺型为必要补充、更能恪守底线公平并兼容效率之适度普惠型的认识与定位，偏颇僵化甚至严重异化——或者偏执于本应"普惠"却仍限"补缺"的救济型事业养老，抑或一味推崇"补缺"下之愈见背离"普惠"目标并有所泛化的市场型产业养老。参见于新循、袁维勤：《养老服务的权益维护与保障》，《重庆社会科学》2011年第7期。

得关注的是，在居家（基础）—社区（依托）—机构（补充）这一合作共担的养老服务体系基础上，作为我国首次将应对老龄化提升为国家战略的纲领性文件，中共中央、国务院于2019年11月印发的《国家积极应对人口老龄化中长期规划》进一步提出了"健全以居家为基础、社区为依托、机构充分发展、医养有机结合的多层次养老服务体系"的更高要求。

毕竟，养老服务体系建设成本乃一项社会系统工程，要"逐步构建涵盖服务供给、服务保障、政策支撑、需求评估、行业监管'五位一体'的社会养老服务体系"（李文杰，2018），本身就具有较大难度和诸多挑战。贾玉娇（2017）对此破解道："鉴于老年人既有生命历程的时间厚度，还有基于嵌入社会生活系统的空间延展性，所以在养老服务供给的前置性问题上，要立足于时空维度下将老年人融入社会系统之'嵌入式'（而非脱离原有社会系统之'脱嵌式'）的老年人意向，全面围绕养老服务体系建设的理念、结构、制度、政策与实践等层面存在问题展开应对。"①

因此，在合作共担养老服务体系的制度化，特别是在"制度性问题诸如法制环境不成熟、应急性与长期性制度有待清理、配套性制度不健全"的困境方面，恰如邓海建（2014）所指明的那样，从"老有所养到老有善养"，考验着制度设计的担当与智慧，并历经着"从制度设计到操作细节"（许益军，2014）。所以说，"'人口老龄化'是一种'文明病'，政府购买养老服务是应对这种'文明病'的药方"（袁维勤，2012）。

二、认识上的追本溯源

（一）发展由来

1. 理论本源

（1）公共服务的一般理论。法国学者狄骥于1912年首次提出了"公共服

---

① 对于我国养老服务体系建设中存在的突出问题，该作者进行了全面深刻的剖析：一是理念性问题，如商品化倾向严重、人文性不足，机构化倾向显著、社会化不足，技术化倾向严重、情感性不足，生理型老年人意向突出、情感与社会型老年人式微；二是结构性问题，如供需结构失衡、服务格局尚未定型、责任分担机制尚需进一步明确；三是制度性问题，如法制环境不成熟、应急性与长期性制度有待清理、配套性制度不健全；四是政策性问题，如精细化水平较低、科学性有待加强；五是输出方面问题，如专业化水平、服务质量及内容等均有待提高。

务"概念,且是从主权理论衰落来引出作为现代公法基础的公共服务概念的——"公共服务的概念正在逐步取代主权的概念而成为公法的基础"。对于公共服务的具体界定,如王浦劬和萨拉蒙(2010)认为:"在现代社会中,所谓公共服务是指政府运用公共权力和(或)公共资源向公民、机构提供的各项服务。"王名扬(1998)则在同时契合政府购买服务意义上甚为周全地指出:"公共服务指行政主体为了满足公共利益的需要从事活动,以及私人在行政主体的控制下,为了完成行政主体规定的目的而从事的满足公共利益的需要的活动。"此外,项显生(2015)还从公法角度来界定公共服务,认为其是"政府动用公共资源满足特定时期特定区域不特定多数民众的普遍需求提供的服务"。

显然,公共服务在满足公共利益的基本目的上、面向公共大众的消费对象上、依托公共权力的现实主导上、需要公共资源的财政支撑上①,均呈现出公共性,且在不同时期和不同国家的具体内容以及提供方式上都是动态变化的。

值得注意的是,对于"公共性"这一公共服务以及政府购买服务②的核心特质所呈现出的内在属性与价值取向,张雅勤(2018)指出,直接体现于服务主体在提供公共服务过程中对社会公共利益的重视与维护,外在表现为政府充分运用社会力量公正、规范、负责地履行服务职能、提升公共福利以及回应公共需求。而实践中,诸如作为购买主体的一些政府部门没有完全承担起自己职责、作为承接主体的少数社会力量未能充分重视公共服务的公平正义原则、作为消费主体的公众参与不足,以及购买环境上的机制不健全等所导致的公共性流失,则会严重损害其公共性。因此,必须正确认识并强化政府购买公共服务的公共性。李蕊(2019)也就此指出,我国公共服务供给体制厘革历经从政府垄断供给到市场主导的民营化改革再到公共性回归的嬗变演进,而着眼于多元协同合作供给体制的构建,当务之急是彰显公共性根柢,对公共服务民营化施加公共化约束,以实现

---

① 例如,《政府购买服务管理办法》第1条"规范政府购买服务行为,促进转变政府职能,改善公共服务供给,根据《中华人民共和国预算法》《中华人民共和国政府采购法》《中华人民共和国合同法》等法律、行政法规的规定,制定本办法"之规定,将《预算法》作为该办法制定的首要依据,从而可以大致推断,政府部门首先将政府购买公共服务定义为一种财政支出行为,揭示了其所支撑的公共资金来源。

② 本书探讨的"政府购买养老服务"本属"政府购买服务"中的"政府购买公共服务"。除非特别所指,我们使用的"政府购买服务"一词实乃"政府购买公共服务"之义。二者具体区别见后文所辨。

公共权力的有效共享①。

（2）产供分离的特别理论。美国著名政治经济学家、行政学家和政策分析学家、公共选择学派创始人之一的埃莉诺·奥斯特罗姆对公共服务的"提供"和"生产"进行了区分，并认为公共服务的提供者和生产者可以相互分离。而被誉为"经济学鼻祖"的斯密（1996）认为私人提供公共物品比政府的直接供给更加效率，政府部门应该把可以由私人方式提供的公共物品都交给市场供给。对于公共服务供给的这种产供分离，以萨拉蒙（2012）为代表的学者们更是明确："非盈利组织（法学上准确讲应为'非营利组织'）作为第三方，能够有效弥补政府直接提供公共服务的不足，应当成为公共服务的承接者。"进而，从公共服务供给的产供分离再到政府购买，被誉为"世界民营化大师"的萨瓦斯不仅主张"更多依靠民间机构，更少依赖政府满足公众的需求"，而且其所概括的政府购买服务中"政府理想的角色"即包括"精明的购买者"。

2. 实践兴起

"公共事务的复杂性、公共需求的多样性和政府自身能力的有限性，使政府与社会合作进行社会管理和公共服务成为趋势"（马庆钰和谢菊，2012）。伴随20世纪70年代末全球性公共行政改革运动应运而生的民营化（Privatization），肇始于20世纪70年代西方发达国家先后掀起的以新公共管理、新公共服务为标志的政府改革浪潮，政府购买服务（Purchase Of Service Contracting，POSC）被美国、日本、欧盟等发达国家和地区纳入公共服务基本供给方式，以政府向社会力量购买公共服务方式取代了传统福利模式下的政府直接向公众提供公共服务，并共同地以高竞争、高透明、高参与、高回应、高效率、高质量②等作为现代政府公共服务输出的标准定位，有效实现了政府责任与市场活力的紧密契合与深度互动，因而被越来越多的国家和地区政府所采用，逐渐成为一种世界性

---

① 值得肯定的是，"新办法"第15条规定便体现了这种必要跟进，即"政府购买服务应当突出公共性和公益性，重点考虑、优先安排与改善民生密切相关，有利于转变政府职能、提高财政资金绩效的项目"。

② 就公众得以获得"高质量公共服务"这一根本宗旨与追求目标而言，接受优质高效的公共服务乃是公民的基本权利，亦是人们所能享有的最真实的、最基本的正义。参见［英］卡罗尔·哈洛、理查德·罗林斯：《法律与行政》（上卷），杨伟东等译，北京：商务印书馆，2004年。

制度安排。

当然,西方发达国家兴起的政府购买服务本身有其特定原因:一是长期高福利带来的政府财政压力日益加大,迫切要求政府的治理方式作出变革,努力做到"少花钱、多办事";二是传统的政府治理方式不能适应迅速变化的社会需求,同时,伴随市场机制的成熟与市民社会的壮大,也为以市场化、社会化方式提供公共服务创造了条件(许益军,2014)。

事实上,欧美等西方发达国家和地区相对完善和成熟的实践运作与技术路线已然表明,基于现代政府从全能政府向有限政府以及"小政府、大社会"朝向的必然转变,政府购买服务已逐步实现了政府从公共服务的提供者与生产者的原本混同到可以分离,再从提供者到购买者,并到购买的监管者①、制度的供给者及市场的引导者等职能的巨大转变——以至"政府将公共服务转交给社会力量之后,仍然要扮演好安排者、监管者、协调者的角色,才能保证公共服务的公共性"(张雅勤,2018),从而成为提高政府效率的一种有效选择。

这样一来,市场经济发达国家以公共服务购买替代公共服务垄断,通过合同外包(亦称合同出租,抑或更广义的服务外包),以及公私合作、补贴或补助等多种方式为公众提供公共服务,既保证了公众能得到最佳服务,又确保政府资源的最佳配置。类似地,我国实践中的政府购买服务也主要通过合同制、委托制、补贴或补助制等多种途径加以推进。特别是在法治方面,市场经济发达国家较为健全的立法规定、公开透明的购买流程以及非垄断的购买方式,更是值得仍处于"实践兴盛、制度滞后"的我国予以积极借鉴与本土实现。无疑,我国养老服务从既有的政府供给模式转变为政府购买模式,必须进行一系列的制度革新,并在重重阻碍下因应而动才是。

3. 契合养老

政府存在的合法性或合理性决定了政府必须向社会公众提供公共服务,而养

---

① 对于"监管者"的政府监管定义,有学者将其表述为具有监管权的机关以公益等为价值取向,运用监管手段对微观经济行为进行规范、管理、监督和制约,以纠正市场失灵、提高经济效益,平衡各方利益。参见谭朴珍:《政府购买公共服务的行政法治化研究》,华东政法大学2014年博士学位论文。

老服务归于公共服务并属于准公共产品①范畴，本乃政府的公共责任。与此同时，在公共服务社会化背景下的老有善养又须向市场求解。

实施并优化养老服务供给本就是政府的一项基本职能，亦是判定服务型政府的基本标准。事实上，政府已经成为养老服务的需求表达者、服务购买者、过程监管者、制度供给者及市场引导者。以向来注重社会福利与保障传统的德国为例，德国从20世纪初就开始鼓励社会组织参与包括养老服务在内的公共服务提供，1922年的《帝国福利法案》建立了公共机构与私营机构提供社会服务的同等地位；德国社会保障法规定，公共机构有义务与非公共机构合作，合作应该以伙伴关系为基础。德国的社会福利体系也是建立于公共部门与私营机构合作基础之上的，如德国的养老服务，非营利部门提供的比重占67.6%，而公共部门和营利部门则各占14.7%和17.7%（韩凤芹等，2015）。

显而易见，通过这种政府出钱向市场买服务，体现了公共性与公益性，是行政与市场的双重契机②，既能解决行政"大包干"高贵低效的症结，又能激活养老服务产业的发展（邓海建，2014）。理论上，西方学界力求在平等与效率、国家与市场之间探寻新的均衡点，基本上共识于不减轻政府责任前提下的公共服务改革，强调公共服务中的政府责任，更加注重这种作为新的均衡点的政府购买服务（包括政府向作为承接主体的社会力量购买服务的直接购买服务，以及政府补贴或补助的间接购买服务）。就政府购买养老服务而言，此即所谓的"政府出资、社会生产、老年人享受"。

（二）本质概括

那么，何谓政府购买养老服务？基于中国语境以及以直接购买服务为基准

---

① 就公共服务中的基础公共服务、经济公共服务、公共安全服务、社会公共服务而言，政府购买的养老服务即属于社会公共服务范围。学界对于养老服务等公共服务内涵的研究还存在着准公共产品说、纯公共产品说（公共产品有纯公共产品、准公共产品或混合产品之分）、以及公共利益说、人权事务说、政府职责说、公共行为说、社会福利说等不同主张。养老服务本身具有混合公共产品特征，完全通过市场机制提供会形成效率损失，完全由政府提供又会损害经济发展，因而，这种介于私人产品和纯公共产品之间的准公共产品，便具有非竞争性和非排他性特点。参见刘金涛：《老年人长期护理保险制度研究》，北京：科学出版社，2014年。

② 可以说，政府购买公共服务契合了行政法的发展趋势，体现了行政权和公民权从对抗到合作的转变，国家行政到社会行政的回归，政府机制和市场机制的结合。参见王凌燕：《行政法视野下政府购买公共服务的思考》，《长春理工大学学报》（社会科学版）2013年第4期。

的考量，本书将这一概念定义为：政府购买养老服务，是指承担养老服务职能的有关行政机关依法将属于自身职责范围且适合通过市场化方式提供的基本养老服务事项，按照政府采购方式和程序交由符合条件的养老服务组织及个人承担，并根据服务数量和质量等因素向其支付费用的行为。兹因政府购买养老服务概念乃基本认识与制度建立的基石所在，当作必要而深入的准确厘定，所以第二章"政府购买养老服务的概念透视"还将作出专门探究与精准识别。

本质上，政府购买养老服务就是一种利用市场竞争机制有效提供养老服务的公共服务或准公共产品的模式。申言之，可将政府购买养老服务这一符合我国基本国情与现实状况的创新性养老服务供给方式概括如下。

其一，这是一种基于人权保障理论、委托—代理理论、新公共服务理论、福利多元主义理论及多中心治理理论，使政府购买服务理念在养老服务领域实践生成的新选择与具体运用。伴随20世纪80年代以来以降低政府行政成本、提高行政效率和公共服务质量为目标的行政改革浪潮在世界范围内兴起，各国的民营化可谓"风生水起"。例如，英国、美国、加拿大等国率先在公共服务和公共产品供给中践行公私合作的理念，联合国、欧盟、经合组织（OECD）、世界银行也在全球积极倡导这一理念——这种公私合作理念也正是中国政府购买养老服务得以实践的理论源头。至于依其理念而实践生成的政府购买养老服务合作模式，"就是指政府和民间组织之间为实现共同的目标而互相协调沟通提供养老服务的过程，是在达成共识、目标一致情况下通过持续的互动形式来实现公共利益的力量整合"（刘祖云，2008）。

其二，这是一种由政府作为购买者发起，由提供者即非营利性社会组织、营利性企业等社会力量承接，并由受益者的老年人合作参与的养老服务供给新模式。申言之，这是一种通过政府出钱购买、社会力量提供、老年人适用，并以"政府承担、社会提供、竞争定项、合同管理、评估兑现"的特定程式，抑或通过"①明确需求、制定规划；②公开招标、签订合同；③项目实施、监督管理；④评估服务、后续跟进"等基本阶段的政府购买养老服务的运行流程（王旭嘉和梁栋，2014）①，来实现市场化、契约化及政府财政效力最大化的养老服务供给新机制。而这一"新机制"，亦即"政府购买系统各元素之间相互作用的过程和机理，系由一系列具体的政府购买运作环节和过程以及政策、制度和规范等有机联系的统一整体组成的，一种面向市场、引入竞争的运行机制"，并"主要包括决策机制、竞争机制、保障机制、监督约束机制四个方面，且要依靠制度的变革来完善和巩固"（应佳烜，2015）。

其三，这是一种在政府—社会—市场"三位一体"、互动共进的现代社会，越来越多地通过这种发挥市场机制作用的公共服务外包来实现公共服务社会化的新制度。在法律意义上，政府购买养老服务制度所体现的也正是法律社会化背景下的公法私法化或公权私法化，亦即私法原则或精神向公法渗透，公共管理与服务注重以私法方式或者由私法主体来完成的现象与趋势。

其四，这是一项养老服务社会化背景下政府应对养老难题的重大举措。或可说，在社会养老或者"养老的社会化"成为必然下，政府购买养老服务正是社会（化）养老背景下一种具体的技术手段（句华和杨腾原，2015）。

回归我国当下现实，在老年人口高龄、失能和空巢化状况不断加剧，加之现有养老服务管理体制和运营机制适应市场能力较差的特定背景下，政府购买养老服务这一新选择（养老服务本身也是国内践行政府购买服务的先行领域），自 21 世纪初在中国应运而生，时至今日已是"遍地开花"。

我国内地政府购买服务实践发端于 20 世纪 90 年代中期。1994 年，深圳市罗湖区在环境卫生领域引入了购买公共服务，标志着政府购买公共服务在我国内地的正式试行。1995 年，上海浦东新区社会发展局兴建了罗山市民休闲中心后，委托上海基督教青年会管理，此即著名的"罗山会馆"模式。之后，当地政府又于 1998 年将养老服务一并委托，我国内地的政府购买养老服务便由此开端。进入 21 世纪，特别是江苏、浙江等省市地方政府向民间组织购买公共服务的探索不断增多且形式多样。例如，2003 年南京市鼓楼区率先出资 15 万元，探索试点居家养老服务网，为辖区内 100 位困难独居老年人购买居家养老服务，打造政

---

① 在与此要求相对应的规范性文件上，如 2015 年《上海市政府购买服务管理办法》第 3 条关于政府购买服务项目实行"政府采购、合同管理、绩效评价、信息公开的管理办法"的规定，便是直接体现。

府购买服务、社会组织运作、社会协同参与的新型模式,追求政府财政最优化、公共服务社会化、养老服务专业化的多向共赢。又如,2004 年浙江宁波海曙区政府居家养老模式中最重要的就是政府购买居家养老服务,即由政府出资,为区内 60 岁以上独居并且无收入的老年人购买养老服务,并由在购买服务时直接认定为社会组织的星光敬老协会来提供服务。这一新模式试点后,便在其他地方逐渐得到推行。

在这些地方层面的先行先试以后,国家于 2013 年开始在全国范围推行政府购买服务改革。时至今日,特别是在我国已开始全面放开养老服务市场①这一大背景下,政府购买养老服务正以其十分凸显的政治优势(PS)、经济优势(ES)、社会优势(SS)、技术优势(TS)等独特优势②,成为我国养老服务社会化背景下政府应对养老难题的一项重大举措。

显然,强调并实现政府从服务提供者到服务购买者职能转变的政府购买养老服务,作为现代养老服务供给方式的重要创新,其"新"在于相较政府亲自供给养老服务所不可比拟的优势。袁维勤(2012)高度概括道:它促进了政府职能的转变,让政府只"掌舵而不是划桨",或者更加准确地说是"服务而不是掌舵",有利于政府腾出手来做好自己的"本分"即行政管理和监督工作;有利于引入竞争机制,严格控制养老服务的成本,提高养老服务的效率;有利于公众参与行政事务(政府供给养老服务),促进行政民主化。

简言之,政府购买养老服务作为一种政府治理变革工具③,如有人鞭辟入里地指出那样,"在政府职能转变—市场自由化—社会治理创新三个维度构成的制

---

① 《国务院办公厅关于全面放开养老服务市场提升养老服务质量的若干意见》(国办发〔2016〕91 号)提出"到 2020 年,养老服务市场全面放开,养老服务和产品有效供给能力大幅提升,供给结构更加合理,养老服务政策法规体系、行业质量标准体系进一步完善,信用体系基本建立,市场监管机制有效运行,服务质量明显改善,群众满意度显著提高,养老服务业成为促进经济社会发展的新动能"的发展目标,并专门提出了具体要求。

② 而从相对应的 SWOT - PEST 矩阵分析来看,则又有政治劣势(PW)、经济劣势(EW)、社会劣势(SW)、技术劣势(TW)。参见张宏丽、廖晓东、李奎:《基于 SWOT - PEST 分析的政府购买科技服务研究》,《特区经济》2016 年第 4 期。

③ 作为一种政府治理工具,有学者指出:政府购买公共服务的机理是将市场机制的工具理性与政府公共服务的目标理性相结合,以工具理性达成目标理性。因此,政府购买也可以被视为一种政府治理工具,为了达到一定的社会治理目标使用的新型公共服务提供方式。参见李文杰:《政府购买养老服务中的老年人参与问题研究——以上海市为例》,华东师范大学 2018 年博士学位论文。

度创新的基本框架中,政府购买服务是这三个维度的交集点和共同作力点"(王凤岩,2016)。

第二节 政策法规的因势利导

一、国家层面的持续推进

（一）全局上的纲领性政策

党的十八大强调,要加强和创新社会管理,改进政府提供公共服务方式。国务院也明确要求在公共服务领域更多利用社会力量,不断加大政府购买服务力度。2013年7月31日,国务院总理李克强主持召开国务院常务会议,要求推进政府向社会力量购买公共服务。正如社会学家、清华大学公共管理学院王名所表示的那样,此次会议释放出非常重要的信号,那就是政府改革和转变职能的决心,其目标和方向就是实现"小政府大社会"。

随之,2013年《国务院办公厅关于政府向社会力量购买服务的指导意见》（国办发〔2013〕96号）对政府向社会力量购买公共服务的重要性、指导思想、基本原则、购买主体、承接主体、购买内容、购买机制、资金管理、绩效管理、组织保障等方面作出了详尽的界定,更是明确到2020年在全国基本建立比较完善的政府向社会力量购买服务制度,形成与经济社会发展相适应、高效合理的公共服务资源配置体系和供给体系。这一彰显国家从政府提供向通过政府购买提供积极转化与立体推进的纲领性政策,标志着我国政府购买服务从地方政府探索期过渡到国家战略方针引导期,并开始向规范化运作方向发展。

（二）本领域的大力推动

全国上下正加快推进政府购买养老服务体系建设,将其作为我国适度普惠型养老服务目标定位下发展养老服务、实现基本养老服务均等化及多元化的一项重要举措,并作为加快政府职能转变、深化行政体制与社会领域改革、完善市场资源配置机制的重要抓手。

第一章　政府购买养老服务的认识引入

早在2006年的《国务院办公厅关于加快发展养老服务业的意见》即提出"积极支持以公建民营、民办公助、政府补贴、购买服务等多种方式兴办养老服务业",国务院于2011年12月16日发布的《社会养老服务体系建设规划(2011—2015年)》也将政府购买服务列入养老服务模式中,并且2012年《民政部财政部关于政府购买社会工作服务的指导意见》(民发〔2012〕196号)强调的政府购买社会工作本身就涉及养老服务。2013年《国务院关于加快发展养老服务业的若干意见》进一步要求"制定政府向社会力量购买养老服务的政策措施"。同年发布的《国务院办公厅关于政府向社会力量购买服务的指导意见》,则直接明确了"到2020年,在全国基本建立比较完善的政府向社会力量购买服务制度"。

尤为重要的是,在2014年《财政部等关于做好政府购买养老服务工作的通知》(财社〔2014〕105号)中更是明确了"到2020年我国将基本建立起比较完善的政府购买养老服务制度"这一重大而深远的发展目标。这部直接关系政府购买养老服务发展的纲领性规范性文件,可以说,其颁布标志着我国政府购买养老服务制度的初步建立。虽然2015年实施的《政府采购法实施条例》在行政法规层面确立了政府购买养老服务法律制度,但现实中主要依据各地制定的规范性文件来具体指导政府购买养老服务,此即反映出我国政府购买养老服务仍处于起步阶段,亟待其法治化的因应跟进与提升完善①。

随后,国家推进力度持续性加大。例如,在提升社会组织承接政府购买服务能力方面,继2014年《财政部民政部关于支持和规范社会组织承接政府购买服务的通知》(财综〔2014〕87号)后,2016年又出台了《民政部关于通过政府购买服务支持社会组织培育发展的指导意见》(财综〔2016〕54号)。而《国务院办公厅关于全面放开养老服务市场提升养老服务质量的若干意见》(国办发〔2016〕91号)不仅明确"到2020年,养老服务市场全面放开",而且对政府购买养老服务提出了"鼓励各地向符合条件的各类养老机构购买服务";"对诚实

---

① 对于所称的法治化,如有学者指出,法治化内涵就是在对法律体系进行完善的同时,使法律能够更加有效地运行。政府购买公共服务法治化的内涵就是要改变现有法律法规不能满足规范政府购买公共服务行为需要的现状,让法律法规促使公共服务更加有序地发展,为公民提供更加公平、更具效率、更为便利的公共服务。参见张有亮、贾晟锟、贾军:《政府购买公共服务的法治化问题》,《兰州大学学报》(社会科学版)2016年第3期。正因为我国政府购买养老服务存在较为凸显的"法治赤字"问题,其中基本立法及专门立法严重缺位,所以本书将在后文特别探讨这一法治化的根本进路。

守信者在政府购买服务等方面实行优先办理、简化程序等绿色通道支持激励政策";"评估结果应与政府购买服务等挂钩"等专门要求。紧接着,2017年《国务院办公厅关于制定和实施老年人照顾服务项目的意见》(国办发〔2017〕52号)还特别强调"创新和优化照顾服务提供方式",并要求"加大政府购买服务力度,依据相关规定,通过市场化方式把适合的老年人照顾服务项目交由具备条件的社会组织和企业承担。督促指导照顾服务提供方制定服务清单和办事指南,简化流程,提高效率"。

(三) 制度化的最新努力

政府购买服务的制度化,有学者从政府购买公共服务角度进行了深刻释义:只有通过制度化来明确政府、社会组织权利义务关系才能保持政府购买服务的公正性和公开性。而制度化是合法性的重要维度,也只有政府购买服务的制度化,才能形成正当性的规则和合法性的程序,防止行政权力的滥用,使公共政策得以稳定和持续。并且,政府购买服务的具体内涵应包括四个方面:一是与购买服务相关的法律法规的建立与完善;二是与购买服务相关的政府组织机构的设置;三是政府职能转变边界的合理确认;四是对购买服务的目标、程序、规范等有较一致的价值认同等(徐家良,2016)。同时值得关注的是,在制度化目标的战略安排方面,中共中央、国务院于2019年11月印发的《国家积极应对人口老龄化中长期规划》这一纲领性文件明确了"三步走",即到2022年,我国积极应对人口老龄化的制度框架初步建立;到2035年,积极应对人口老龄化的制度安排更加科学有效;到21世纪中叶,与社会主义现代化强国相适应的应对人口老龄化制度安排成熟完备。

在各项政策大力推进、制度化建设不断加快中,极具法治意义的便是财政部、民政部、原工商总局于2014年12月15日印发并于2015年1月1日施行的,堪称我国政府购买服务领域"一般法"(相对于《政府采购法》又可谓特别法)的部门规范性文件——《政府购买服务管理办法(暂行)》(以下称"原办法")。"原办法"作为我国关于政府购买服务首部分章分条式的部门规范性文件,构建了政府购买服务工作的基本框架,对推进政府购买服务改革、规范政府购买服务行为发挥了重要作用。然而,"随着改革不断深入,政府购买服务工作中也出现了一些新情况新问题,如有的地方和部门购买内容泛化、对购买主体和承接主体把握出现偏差、绩效管理薄弱等。因此,有必要对该暂行办法进行完善，以部门规章的形式硬化制度约束，进一步规范和加强政府购买服务管理"①。

令人欣喜并值得特别关注的是，财政部在2018年6月26日发布的《政府购买服务管理办法（征求意见稿）》基础上，于2019年11月19日通过、2020年1月3日公布并于3月1日起施行《政府购买服务管理办法》（共7章35条，以下简称"新办法"）。"新办法"在设立负面清单、遵循预算约束、禁止变相用工、明确履约期限、讲求绩效管理、实施全程监管等诸多方面积极回应现实问题，明显突出可操作性，其修改意义可谓重大而深远（相比"原办法"等彰显立法进步但也似有失之过简之弊），乃至我们认为仍有必要今后将其适时升格为国务院行政法规即《政府购买服务条例》抑或《政府购买服务管理条例》。对于"新办法"，本书将在后文有关探讨中进行贯通性引证。

二、地方层面的积极跟进

（一）规范性文件

1. 本词之解

规范性文件，本有广义与狭义之分。广义指属于法律范畴亦即宪法、法律、行政法规、地方性法规、自治条例、单行条例、国务院部门规章和地方政府规章等的立法性文件，以及除此以外由国家机关和其他团体、组织制定的具有约束力的非立法性文件总和；狭义仅指法律范畴以外其他具有约束力的非立法性文件。至于本书所使用的规范性文件，虽有时基于语境所需也在广义上使用，但更多是就狭义而言的。值得注意的是，特别是非立法性的地方规范性文件非常多，本身在制发主体、制发程序和权限以及审查机制等方面缺乏全面统一的规范化管理。

纵观来看，我国既有的对政府购买养老服务等公共服务发挥规制作用的各类规范性文件效力层级多样，包括法律、行政法规、部委规章、地方政府规章等立法性文件以及其他规范性文件等非立法性文件。其中，又以效力层级较低的地方规范性文件为主，而地方规范性文件中更以意见、通知、办法、方案、细则等其他规范性文件这类非立法性文件为多。正因为这些规范性文件层级较低、约束力

---

① 这是财政部有关负责人的"修法"表态，具体详见《财政部有关负责人就修订〈政府购买服务管理办法〉答记者问》，中国政府采购网，http：//www.ccgp.gov.cn/gpsr/fgjd/202002/t20200203_13842556.htm。

弱、效力有限，尤其是原则性强、粗糙不精、可操作性差，加之地方化、部门化、碎片化严重，所以，基于加快全国性立法的法治步伐，并通过制定前文所提及的《政府购买服务条例》等来提高立法层级，显然是极为必要的。

2. 积极之用

事实上，在如前所述的国家层面全面推动下，各地按照国家要求紧锣密鼓地进行政策响应与制度跟进，全面加快推进政府购买服务体系建设，将其作为推进公共服务发展、实现基本公共服务均等化及多元化的一项重要举措，同时作为加快政府职能转变、深化行政体制与社会领域改革、完善市场资源配置机制的重要抓手。可以说，各地政府对养老服务等公共服务的政府购买都表现得空前重视，并将其作为地方政府全面深化改革的一项重要内容，积极通过制定相关政策、实施办法等来指导实践。而随着政府购买公共服务的进一步深化发展，这些地方规范性文件本身也随之逐渐趋于完善。

例如，2005年江苏省无锡市出台的《关于政府购买公共服务的指导意见》，作为我国针对购买公共服务的实施作出最早、内容较为全面的地方性政策，鼓励把原来由政府直接承担的公共服务事项交给社会力量，并规定了购买方式、实施步骤等内容，甚为难得。又如，作为我国内地政府购买养老服务实践即1998年罗山会馆模式发端地的上海浦东新区，2007年还出台了《浦东新区关于着力转变政府职能建立新型政社合作关系的指导意见》《浦东新区关于政府购买公共服务的实施意见（试行）》等，成为上海市第一个发布政府购买服务政策的区县。之后，又从2012年上海市财政局正式印发《上海市市级政府购买公共服务项目预算管理暂行办法》到《上海市市级政府购买公共服务项目目录（2013年）》等，及至2015年发布《上海市政府购买服务管理办法》，基本建立起了比较完整的本市政府购买服务制度体系。再如，较早的还有2009年《宁波市政府服务外包暂行办法》这部我国第一部明确规定政府购买公共服务内容的地方政府规章，以及当年出台的《成都市关于建立政府购买社会组织服务制度的意见》。

随后，其他地方也陆续进行了政策和制度方面的积极响应与具体跟进，特别是制定了关于政府购买养老服务方面的直接规范性文件，如《四川省政府购买居家养老服务实施办法》（2014年7月）、《安徽省政府购买养老服务实施办法》（2014年7月）、《青海省政府向社会力量购买养老服务实施办法》（2014年8

月)、《成都市政府购买养老服务实施办法》(2015 年 7 月)、《内蒙古自治区政府向社会力量购买服务管理办法》(2015 年 12 月)、《太原市政府购买养老服务实施暂行办法》(2016 年 10 月)、《青岛市政府购买养老服务管理办法》(2017 年 12 月)、《郑州市政府购买养老服务暂行办法》(2018 年 1 月)、《河南省政府购买养老服务实施办法(试行)》(2018 年 9 月),等等。

再以四川省及成都市为例。四川省的规范性文件主要包括:①2014 年《四川省人民政府关于加快发展养老服务业的实施意见》(川府发〔2014〕8 号)① 以及《四川省人民政府办公厅关于推进政府向社会力量购买服务工作的意见》(川办发〔2014〕67 号),该意见设定的目标任务是,到 2020 年,全省基本建立起比较完善的政府向社会力量购买服务制度,形成与经济社会发展相适应、高效合理的公共服务资源配置体系和供给体系,公共服务水平和质量显著提高。②四川省 2014 年还特别出台了《四川省政府购买居家养老服务实施办法》这部明显体现"新政"、更加规范、更加全面、更加个性化以至在全国范围内也有一定影响的地方规范性文件。③值得肯定的是,自 2014 年向社会公布《四川省政府向社会力量购买服务指导目录》(确定了 7 大类共计 267 项政府向社会力量购买服务的内容)之后,又由四川省财政厅、民政厅、工商局联合印发并于 2016 年 1 月 1 日施行了《四川省政府购买服务管理办法(暂行)》。该办法颁布实施的意义在于:一是首次明确了购买方式及流程。二是购买主体结合自身职责和业务需要,同时根据《四川省政府向社会力量购买服务指导目录》和本省各级政府购买服务目录来制定的政府购买服务项目支出预算,一经确定原则上不得调整。确有特殊情况需要调整的,应当按规定时间和程序进行调整。三是建立由购买主体、服务对象及专业机构组成的综合性评价机制,推进第三方评价,加强绩效管理(喻倩媛和马兰,2016)②。

---

① 该实施意见明确要求:根据养老服务的实际需要,推进民办公助,选择通过补助投资、贷款贴息、运营补贴、购买服务等方式支持社会力量举办养老服务机构,开展养老服务。对社会力量举办的养老服务机构和平台给予一次性建设补贴和一定的运营补贴。对养老服务机构新增床位,原则上按每张 1 万元给予建设性补助,并适当补助运营费。要制定政府向社会力量购买养老服务的政策措施。

② 同时值得关注的是,在加强绩效管理、推进第三方评价工作推进方面,2018 年四川省被纳入政府购买服务第三方评价改革试点省份后,又专门制定出台《四川省政府购买服务绩效评价管理暂行办法》,对政府购买服务项目绩效评价的组织管理、评价指标、实施程序、结果运用等进行了明确规定。

至于成都市，更是体现"国家中心城市"及"四川省首位城市"的改革力度，其政策推进力度较大，规范化、制度化成效更为显著：①关于政府购买服务整体推进的规范性文件，有2009年《成都市关于建立政府购买社会组织服务制度的意见》（成府发〔2009〕54号）、2017年《成都市政府向社会组织购买服务实施意见》（成财采〔2017〕205号）以及2015年《成都市政府购买服务暂行办法》、2017年《成都市政府购买服务工作规程》等。②关于政府购买养老服务的地方法规及规范性文件，《成都市人民政府关于加快养老服务业创新发展的实施意见》（成府发〔2015〕6号）、2015年《成都市政府购买养老服务实施办法》。特别是2016年《成都市养老服务促进条例》这一地方养老服务"基本法"的立法意义重大，如其第42条即明确规定："市和区（市）县人民政府应当建立健全向社会购买养老服务的制度，制定政府购买养老服务的指导性目录，明确政府购买养老服务的种类、性质、内容。"

（二）"立法"评价

第一，上述直接或间接有关政府购买养老服务的地方规范性文件，其所展现的"立法努力"是值得积极评价的，也为各地政府购买服务工作的顺利推进奠定了十分重要的制度基础。

需要强调的是，基于"硬法软法和谐共治"的现代法治追求，在完善顶层设计方面不仅如我们后述特别建议制定的《养老服务促进法》《政府购买服务条例》等基本立法与专门立法，同时也要在"软法"方面充分发挥地方依法制定规范性文件的积极性（2015年修订的《立法法》赋予设区的市地方立法权之后更应如此）。正所谓，"如果没有相关适合地区特点的规范性法律文件的补充，难于发挥上位法的作用"（王枫云和林志聪，2012）。

第二，从上述规范性文件的名称中可以看出，各地出台的规范性文件名称很不统一。有文章就此进行了较为细致的梳理，并按照名称不同将规范性文件划分为三类：第一类文件的名称为"指导意见"或"暂行办法"，以部门规章和省级政府规章为主，基层地方政府颁布的规范性文件中此类数量则较少。指导意见是具有指导性和全局性的规范性文件，在政府购买服务的规范中位阶较高。地方政府的规范性文件中虽然也有个别文件称为指导意见，但其内容上则更偏向于实施意见，大多规定了政府购买服务的实施细则。第二类规范性文件的名称为"实施方案"或"实施意见",多为较大的市或其他地方政府颁布的规范性文件。第三类是特别规定,是针对政府购买服务工作的某一具体环节进行特别规定的规范性文件,主要有政府购买服务目录、社会组织资质要求和所购买服务的考核标准三类(赵淑钰,2013)。

第三,这种"立法努力"本身也是十分有限的,毕竟现有的政府购买养老服务相关立法很不完善。从我国政府购买养老服务的立法现状可以看出,有关政府购买养老服务的法律规范主要散见于其他法律法规中,如《政府采购法》及其《政府采购法实施条例》《预算法》《招标投标法》《合同法》《老年人权益保障法》[①] 等,同时通过国务院以及财政部、民政部、全国老龄工作委员会办公室等各部委发布的意见、通知、办法、方案、细则等来对各地区政府购买养老服务进行指导、监督和管理,而各地区政府也主要是通过本地制定的法律效力层次较低的规范性文件来指导、监督和管理政府购买养老服务工作。对此,杨方方和陈少威(2014)从整体角度批评道:"政府购买公共服务主要在中央与地方以'指导意见'、'实施意见'、'实施方案'等为名颁布的各种规范性文件下展开,相关规定颇为原则、概括,政策特征突出,规范特征阙如,导致政府购买公共服务实践问题丛生、备受诟病。"

第四,纵观这些地方规范性文件的名称,仔细研究后便可发现,不少地方政府出台的政策内容及其表述的相似度极高,事实上更多是直接照搬国务院以及财政部、民政部、全国老龄工作委员会办公室等各部委发布的意见、通知、办法、方案、细则等,甚至某一地区竟然直接照抄其他地区较早出台的相关政策文件,并未结合本地实际做出因地制宜的必要调整。这些可谓"懒政、惰政"而出台

---

① 1996年通过的《老年人权益保障法》,之后至今历经了2009年第一次修正、2012年修改、2015年第二次修正以及2018年第三次最新修正。对于养老服务,该法第四章"社会养老"进行的专章涉及值得高度评价,第37条"地方各级人民政府和有关部门应当采取措施,发展城乡社区养老服务,鼓励、扶持专业服务机构及其他组织和个人,为居家的老年人提供生活照料、紧急救援、医疗护理、精神慰藉、心理咨询等多种形式的服务"、第38条关于"地方各级人民政府和有关部门、基层群众性自治组织,应当将养老服务设施纳入城乡社区配套设施建设规划,建立适应老年人需要的生活服务、文化体育活动、日间照料、疾病护理与康复等服务设施和网点,就近为老年人提供服务"等规定均值得相当肯定。但是,毕竟诸如养老服务项目、性质、内容、标准等具体问题仍显不足(当然也难以一一俱到),特别是除了如"对经济困难的老年人,地方各级人民政府应当逐步给予养老服务补贴"等几处不多的规定外,对明显不可或缺的直接购买养老服务规定却"难觅其踪"。因此,建议以后修改该法时加以必要增补。

的所谓政策,恰因缺乏针对性与实际价值而难以执行与落实,加之有学者"一针见血"指出的"规范性文件缺乏基本的法律要素"(徐家良,2011),故而于当今依法治国、依法行政的大势下,必当坚决摒弃并着力改观。

第三节 目前凸显的"法治赤字"

一、关系发展的重大问题

如何解决好我国"实践兴盛、制度滞后"的政府购买养老服务在实践中凸显的"法治赤字"问题。即是说,历经20多年的积极探索与大力发展,我国政府购买服务虽然积累了丰富的实践经验,但在制度化、法治化的路上却遭遇瓶颈。而对于这种因政策法规规章既有规定严重滞后于实践活动而引发的"法治赤字"问题,如何通过制度化、法治化加以改观,实乃当下一项重大课题,更是今后须重点解决的关键所在。

我国法学界对政府购买养老服务研究还处于起步阶段,对关系重大的一些基本问题还没有研究涉及或者尚未研究清楚。例如,如何定位我国适度普惠型养老服务目标定位下的政府购买养老服务,其法理基础何在?法律上怎样厘定谁购买、为谁买、向谁买、买什么、怎么买、怎么保障?怎样确立政府购买养老服务的法治方向?怎样对域外立法经验作出理性选择?以及怎样构建一套因应中国国情的政府购买养老服务法治体系?不一而足。显然,研究解决好此类重大问题,在理论上是贡献,在制度上是推进。

当然,对于诸如此类的重大问题,本书基于体例安排、重心考量以及篇幅所限,并未按部就班地进行一一对应的具体探讨,但对主要问题也都尽可能地进行了程度不一的融入性研判。

二、根本制约的"法治赤字"

多重困境及国家重大政策导向对政府购买养老服务法治化提出了迫切要求,

特别是在全面深化改革新形势、依法治国下更是如此。

然而，尽管国家的政策力度不断加大，并有《政府采购法》《政府采购法实施条例》《预算法》《招标投标法》《合同法》《老年人权益保障法》等的基本规制，同时各地正积极跟进并进行了颇有力度的创新实践，一些地方规范性文件所展现的"立法努力"也值得积极评价，但整体而言，从国家到地方根本存在的法治问题依然突出。

纵观我国政府购买养老服务十几年来短暂而快速的发展历程，实乃困难与创新相随、问题与对策相伴，可谓实践兴盛、制度滞后。

申言之，就实践兴盛而言，各地发展各有不同，如东部较发达地区发展较快、西部地区发展相对缓慢。东西部地区在养老服务市场尚不发达下也都面临着共通性困境。一方面，地方政府重视程度和购买力度较低，社会组织力量弱小并且参与度不高，政府购买的范围狭窄、项目较少、规模较小、绩效较低、质量较差。另一方面，市场经济不发达、社会力量发展不足、现行法治不健全、老年人缺乏维权意识等突出困境与挑战，从根本上讲，均受制于"法治赤字"上的制度滞后，并集中体现于六个方面：一是购买缺乏应有平等，如对承接主体、服务对象的不合理对待，违背了应坚守的平等原则；二是购买呈现内部化，一些社会力量实际成为政府部门的"延伸"；三是社会力量缺乏谈判能力，购买合意往往变成单向合作，背离契约精神；四是购买内容边界不清，服务标准不成体系；五是购买程序失范，绩效羸弱，监督缺失，责任模糊；六是政策促进力度有限，基本立法与专门立法缺位。对于这些问题，虽有"新办法"等前述所列立法的基本规制，但毕竟制度供给有限，特别是基于政府购买养老服务本身的特殊性，更加难以有效适用。

正所谓，"政府购买公共服务是在公共部门和私人部门之间的一种连接性的市场交易行为，应该在约束和规范之下进行"（王丛虎，2013）。针对政府购买养老服务之政府购买服务这一上位制度较为凸显的"法治赤字"问题，李海平（2011）深刻揭示道："目前我国政府购买公共服务法律规制中存在'法治赤字'现象严重、承担公共服务社会组织资质规范空白、合同监管制度不健全、社会组织信息公开制度不完善、社会组织管理的规范性文件与立法冲突。"并因此建议："建构政府购买公共服务法律体系，明确禁止性购买、确定性购买和裁量性购买范围标准、建立多元、公正、科学的评估体系、改革社会组织登记管理和事业单位管理体制，是完善我国政府购买公共服务法律规制的必由之路。"

三、研究扫视与法治进路

（一）国内外研究述要

需要首先说明的是，政府购买养老服务本身作为政府购买服务的一项基本构成，包括法学研究在内大多是将其融入于后者研究的一部分进行的，直接论之的研究成果十分有限，缺少专门性和针对性。鉴于此，本书从基础性的政府购买服务这一上位视角展开，以使政府购买养老服务研究得以"窥见一斑"。

1. 世界性经典成果

一些具有世界影响力的经典著述可为我们从法律上研究清楚为什么购买、如何购买服务等基本问题并进而进行法律构造提供不可或缺的理论基石与学术视野。例如，《公共支出的纯粹理论》一文通过现代经济学分析给出了公共产品的经典定义（萨缪尔森，1954）；《民营化与公私部门的伙伴关系》一书论证了民营化是改善政府的最佳途径这一基本理念（萨瓦斯，2002）；《新公共服务：服务，而不是掌舵》一书提出和建立了一种更加关注民主价值与公共利益、更加适合现代公共社会和公共管理实践需要的新公共服务理论（登哈特夫妇，2004）；《权力共享——公共治理与私人市场》一书最大贡献是将委托—代理理论具体应用于合同外包（凯特尔，2009）。此外，我国学者张汝立等（2014）所著的《外国政府购买社会公共服务研究》等著作也对国外政府购买服务的研究状况进行了细微梳理。

遗憾的是，纵览国外有关研究并进行专业检索，我们发现基本上是从公共管理学、行政管理学、社会学、政治学等角度进行的研究，直接从法学角度研究的成果非常有限。但就借鉴而言，如政府购买服务涉及对公权力的性质认识与重新配置，两大法系学者根据自身传统各自作出了理论探索，这便提供了可资学习的理论参照与发展指向。而如西方发达国家的法治化、市场化、透明化的既有经验以及不少探索可为解决中国问题提供一定借鉴——但尽管如此，并非都能当然解决中国问题，有的甚至还会制造问题。

例如，政府包办固然必须摒弃，但本应坚守公共性、公益性却背离市场化与福利性耦合而不当呈现泛市场化或过度市场化以致落入市场化陷阱的养老服务，同样难以为继。又如，政府购买养老服务只是公共服务民营化或者说社会化的一种方式，萨瓦斯的民营化绝非直接等同私营化或私有化，甚至萨瓦斯（2002）本人也提醒"民营化就像拆除炸弹，必须审慎对待，因为错误的决定会导致危险的后果"——这在中国语境下更是如此。况且，国内研究本身也存在"一些学者采用简单的'拿来主义'，忽略中西方在政府购买养老服务过程中的制度背景、福利文化、社会组织发育等多种因素差异"（吉鹏，2014）等的不当倾向。

事实上，"不同于西方国家的公共服务合同外包，我国政府购买社会组织公共服务本身就是中国特色的制度实践"（齐海丽，2016）。因此，当我们在积极主张中国特色、中国经验的政府购买养老服务的法律构造时，对国外经验要充分研判、审慎考量，因应进行去粗取精、有的放矢、为我所用的理性对待、积极借鉴与本土实现。

2. 探索性国内研究

相对于更多聚力于公共管理学、行政管理学、社会学等的既有研究而言，目前有关的法学研究实在是薄弱不堪，尚未引起学界的应有重视。

经知网检索，直接以"政府购买养老服务"为题的法学期刊论文与学位论文也仅40篇左右，且基本为2012～2019年的研究成果。特别是近年来，虽然增加了不少直接关于"政府购买养老服务"且更多集中于"政府购买居家养老服务"（这也本是应该的）的法学硕士论文，但遗憾的是，可查见的同期法学博士论文仍似《政府购买养老服务问题研究》（袁维勤，2012）1篇。其他有所关联的法学博士论文也不多，如《变革与回应——民营化的行政法研究》（杨欣，2006）、《政府购买公共服务的行政法治化研究》（谭朴珍，2014）等。至于法学专著，如《公共服务合同外包中政府责任研究》（杨欣，光明日报出版社2012年版）、《政府购买公共服务法律规制研究》（何平、吴楠，合肥工业大学出版社2014年版）、《政府购买公共服务立法研究》（刘玉姿，厦门大学出版社2016年版）等为数不多的稀缺成果得以出版，委实难得。但直接以"政府购买养老服务"为题的法学专著，仍是尚付阙如。

不过，虽然这些年的法学成果与研究预期仍有一些差距，但毕竟已有不小改观，研究更加具体并开始走向深入。尤其是这些数量有限的探索性成果是在法学研究的起步阶段努力取得的，更值得我们尊重与实事求是的评价。

（1）有的研究依然囿于传统理论的依附性赘述，或者充斥着亦步亦趋的政策性解说，缺乏独立鲜明的法学品质。有的研究缺乏对公共服务社会化背景下政府购买服务的准确定位，政府—社会—市场关系割裂，甚至将公共服务社会化异化为市场化（犹如新公共管理理论所倚重建立的企业家政府）。但事实上，西方发达国家的政府购买服务本身就恰恰经历了从最初市场化改革过渡到市场化与社会化改革并重的发展过程。

（2）在养老服务法治建设方面更多仍是行政法意义上的探讨，特别是"规范为本兼与促进"的经济法意义并及民商法等部门法意义上的探讨尤为缺乏，亟待研究弥补。而打破我国法学研究中长期存在部门法之间的部门法本位与部门法藩篱，从政府—社会—市场的多维度以及从私法与公法相结合的广视角，着力进行"政府、市场、社会合作供给体制的完备以及公私权责分配谱系的重塑"（李蕊，2019），进而实现国外经验理性选择下法律构造的中国化，已是学界共识，更应是研究趋势。

有鉴于此，本书的政府购买养老服务规制研究，其中关键的"规制"（Regulation）之意①，亦即致力于"规范为本兼与促进"的法律探讨。而"规范为本兼与促进"实乃"权力对权利的约束、权利或获取权力对权力的制衡"的法权互动结构下"规范制约与保障促进"之义，本身犹如应对市场失灵与政府失灵的双重矫正之法的经济法的"两只手"。

就福利提供而言，西方资本主义国家本就经历了并呈现着市场失灵—政府干预—政府失灵—市场化这一过程与趋势。按照美国经济学家韦斯布罗德所主张的市场和政府双重失灵理论，在供应公共服务时无论政府还是私人主体都存在缺陷

---

① "规制"是市场经济国家自20世纪30年代以来反复出现于政府法令和学者著作中的词语，日本学者植草益的《微观经济规制法》一书传入我国后"规制"一词被广泛使用。规制的语义有规整、制约、使有条理的含义，是利用外部一定的强制力量对某一事物（或行为）偏离应有状态的矫正和规范。参见宗佳禄：《论经济法视野下的政府购买服务》，宁波大学2013年硕士学位论文。日本著名法学家金泽良雄先生也曾对"规制"作了积极性规制（促进保护）和消极性规制（权利限制）的二维划分。于是，激励并非全然无经济法的理论，规制也并非狭义的约束、限制。政府购买服务内在的规制与激励，实则是经济法上规制手段的语词转换。参见骆路金：《经济法视野下政府购买公共服务探析》，《研究生法学》2013年第1期。

与不足，政府购买服务则有利于解决这种双重失灵问题。而就政府购买养老服务而言，"虽然政府购买公共服务已成为一种世界性的制度安排，但其经济效率和社会效果仍待检验，同时在各个阶段都还存在外包失灵的风险"（周俊，2010）。

申言之，亦如郑曙光和骆路金（2014）所主张的：政府购买公共服务是对传统公共服务提供模式的革新，它契合经济法社会本位的价值定位、特定政府—社会—民众间法律关系的调整对象，以及调整方法并内含规制与激励的实现方式，应当成为经济法研究和经济立法的重要内容。由于我国在法构造上将政府购买公共服务法与政府采购法合一，形成规制有余而促进不足的规制型格局，难以呈现促进法中的法权结构。因此，在对政府购买公共服务的立法路径选择上应强化对公私合作行为的制度激励，并以专项的经济立法形式实现其法的功能价值。同时就其中"内含规制与激励的实现方式"而言，其实"经济法从来都不只是规制市场主体的法律规范，其更大的作用在于激励市场主体发挥市场机制的优越性，实现公平与效率的有机统一"。并且，只有立足"政府购买服务的基本要求——适度的宏观调控，政府购买服务的根本内容——有效的市场规制，政府购买服务的最终目的——社会整体效益的实现与发展"（宗佳禄，2013），才能有效实现政府购买服务与经济法理论的必要契合。

因而，如何规范并相应促进且相得益彰地最大化实现政府购买养老服务，即是本书的重心与努力追求所在。

（3）在研究动态上，一方面，我国政府购买服务的研究热点已经从学理性研究、政策性研究①转化到制度及其机制研究，研究重点不再是意义建议，也不再是问题对策，而是研究如何构建其体制机制，如何构建其促进模式等，包括最为根本的法治推进模式；另一方面，开始向养老、医卫、文教、科技、法律等具体服务领域拓展。

---

① 有学者指出：在中国的政策表达其实滞后于地方实践，地方实践与理论倡导则交互促进。而就政府购买公共服务而言，总体上是一种实践相对超前、政策和研究相对滞后的状态。参见句华、杨腾原：《养老服务领域公私伙伴关系研究综述——兼及事业单位改革与政府购买公共服务的衔接机制》，《甘肃政法学院学报》2015年第3期。还有学者更是直接指出：目前许多地方政府都进行了养老服务领域的政策实践，各地做法均不一样，政策碎片化现象严重，如何对现有的政策进行梳理、反思与整合，是摆在研究者面前的又一重要课题。参见吉鹏：《政府购买养老服务研究综述》，《四川行政学院学报》2014年第3期。显然，政府购买养老服务政策乃不可或缺之"软法"，对于有关政策性研究，不仅不可忽视反而更应加强。

（二）"规范为本兼与促进"的法治进路

政府提供养老服务，当以保障老年人人权为原则，当以维护社会公平正义为本位，当以有助于养老服务业多元化及适度差异化的法治发展为目标。如前所述，纵观我国政府购买养老服务20多年来短暂而快速的发展历程，实乃困难与创新相随、问题与对策相伴。兹因"政府购买养老服务制度逐步实施后养老服务供求失衡的现象并没有得到有效的缓解，表明政府购买养老服务制度仍需进一步的完善和调整"（倪东生和张艳芳，2015），特别是"法治赤字"问题尤为凸显，缺乏必要的法律规制，所以，必须立足于从地方政府实践到国家规范运作的法治朝向，致力于既有法规政策体系基础上"规范为本兼与促进"规制目标的法治体系构建，尽可实现我们所期待的法治效果。

有鉴于此，作为本书的研究目标与核心内容，我们将重点致力于"规范为本兼与促进"的六大方面法治进路研究，即坚守最基本的平等原则；推进社会组织自治化与市场化；恪守契约精神并强化合同治理；完善清单制和健全标准体系；规范流程、强化绩效、全面监督及明确责任；加快政策法规体系构筑，实现"硬法软法和谐共治"。

第二章　政府购买养老服务的概念透视

第一节　基本概念的分解

一、概念界说

政府购买养老服务的界定，应先从其所属的政府购买服务这一上位概念着眼。例如，王浦劬和萨拉蒙（2010）认为："政府购买公共服务就是将原来直接提供的公共服务事项，通过直接拨款或公开招标方式，交给有资质的社会服务机构来完成，最后根据择定者或中标者所提供的公共服务数量和质量，来支付服务费用。"随后，这一契合了直接购买与间接购买意义的定义便被我国学者们高频次引用，成为在众多概念中较为权威性的界定。

2013年《国务院办公厅关于政府向社会力量购买服务的指导意见》也对政府购买服务作了类似规定，即"政府向社会力量购买服务，就是通过发挥市场机制作用，把政府直接向社会公众提供的一部分公共服务事项，按照一定的方式和程序，交由具备条件的社会力量承担，并由政府根据服务数量和质量向其支付费用"。同样地，"原办法"第2条规定："本办法所称政府购买服务，是指通过发挥市场机制作用，把政府直接提供的一部分公共服务事项以及政府履职所需服务事项，按照一定的方式和程序，交由具备条件的社会力量和事业单位承担，并由政府根据合同约定向其支付费用。"而"新办法"第2条则规定为："本办法所称政府购买服务，是指各级国家机关将属于自身职责范围且适合通过市场化方式提供的服务事项，按照政府采购方式和程序，交由符合条件的服务供应商承担，并根据服务数量和质量等因素向其支付费用的行为。"显然，这较前二者定义更加严谨与科学。

那么，政府购买养老服务概念如何界定？如以王浦劬等的界定为基础，章晓懿（2012）在直接购买与间接购买意义上将其定义为：政府为了履行服务的社会职能，在公共财政的社会福利预算中拿出经费，向社会各类服务机构，通过公开招标或直接拨款资助服务的形式购买养老服务。本书则在基本借用"新办法"规定以及直接购买意义上将其定义为：政府购买养老服务，是指承担养老服务职能的有关行政机关依法将属于自身职责范围且适合通过市场化方式提供的基本养老服务事项，按照政府采购方式和程序，交由符合条件的养老服务组织及个人承担，并根据服务数量和质量等因素向其支付费用的行为。

另外，如果将承接主体仅限于非营利性社会组织和营利性企业等民办养老服务组织这些社会力量（对应的则还有事业单位性质的公办养老服务组织），或可将其定义为：政府为了更好履行其在社会养老中提供养老服务的行政职责，采用市场运行机制，将原应由政府直接提供的养老服务以行政采购的方式，通过一定的程序转交给有相应养老服务资质的民办养老服务组织，政府根据民办养老服务组织提供养老服务的数量以及质量将财政对社会福利的一部分预算经费支付给社会养老组织的一种制度（周雪，2016）。当然，亦有人突出政府"监管者"角色而将政府购买居家养老服务定义为：政府购买居家养老服务是指政府依据一定的方式和程序，把居家养老服务交给符合资质要求的社会力量来提供，政府对服务进行必要的监督并按照约定对其付费。其法律关系兼具了公法和私法属性，主要包括纵向监管关系和横向合同关系，在主体、内容和客体上具有特殊性（陈爽，2016）。

二、概念使用

我国内地一般所称的政府购买服务亦即政府购买公共服务，美国称作合同外包，香港地区则称为社会福利服务资助。但在我国规范性文件中"服务外包"一词的使用极少，例外如2009年《宁波市政府服务外包暂行办法》并在第3条明确规定："本办法所称政府服务外包（以下简称服务外包），是指行政机关将社会管理、公共服务、后勤服务等技术性劳务类事务,委托给具备条件的企业、科研机构、高等院校或其他组织(以下统称承包商)履行,并支付相应报酬的民事法律行为。"又如,2014年《广东省政府向社会力量购买服务暂行办法》明确规定的政府向社会力量购买服务主要方式有两种,即:一种是通过合同、委托等方式的服务外包,另一种是补助、补贴或奖励①。

在中国语境下应注意并厘清的是,政府购买服务不能简单与合同外包或服务外包混淆使用:一是政府购买服务只是在合同制下可用合同外包(或合同出租)替之;二是政府购买服务在仅采取服务外包中的合同制时,不能直接等同于广义包含合同制及委托制的服务外包。例如,2014年《广东省政府向社会力量购买服务暂行办法》即将服务外包这一政府向社会力量购买服务的主要方式明确规定为"(一)服务外包。引入竞争机制,将政府购买服务事项通过合同、委托等方式,交给符合条件的承接主体来完成"。

当然,为了更加精准地理解并使用政府购买养老服务这一概念,还应通过以下的"关节把握"以及下一节"临近概念的判别"加以综合判断。

三、关节把握

政府购买养老服务的概念确定,乃准确认识与制度建立的基石所在。本书定义,以2013年《国务院办公厅关于政府向社会力量购买服务的指导意见》、现行"新办法"(也辅以"原办法"的合理规定)等为基准,并进而在养老服务的政府购买语境下将其特定化与具体化。同时契合政府购买服务这一上位概念,我们还要从以下诸项"关节"进行精准把握。

需要指出的是,政府购买养老服务的任何研究都应围绕并回答谁购买、向谁买、为谁买、买什么、怎么买、怎么保障这些关联互动的最基本问题。易言之:

---

① 对于政府的这种奖励,有学者认为可以把行政奖励分为契约型行政奖励和非契约型行政奖励两种形式。并认为行政奖励行为不仅是政府规范性文件的内容,也是政府购买公共服务合同的内容之一,它是政府对符合资质条件的承接主体所做出的允诺,如果相对人达到奖励相关要求,行政机关就必须兑现允诺,否则就要承担相应的责任。所以,行政主体应该在权限范围内依据规范性文件或者行政契约为行政相对人创设权利和利益,这既体现了为行政相对人更好的服务的目的,也符合行政手段多样性的内在需求,是真正的依法行政。参见谭朴珍:《政府购买公共服务的行政法治化研究》,华东政法大学2014年博士学位论文。

①准确把握购买主体、厘清各主体间关系,解决好谁购买问题;②规范市场准入、培育社会组织等社会力量,解决好向谁买问题;③合理确定作为服务对象的老年人范围,解决好为谁买问题;④合理界定购买范围、明确购买内容及其目录,解决好买什么问题;⑤健全购买机制、完善购买程序,解决好怎么买问题;⑥加强绩效管理、完善监督机制,解决好购买效果的怎么保障问题。

(一) 关于购买主体

在养老服务供给关系中,政府同时作为养老服务的供给者、购买合同的监管者以及最终责任的承担者。在购买主体这一谁购买问题上,政府购买养老服务实行属地化管理,作为购买主体的政府,最主要的当然是承担养老服务职能的各级行政机关①。至于其他一些机关和单位,也可根据实际需要通过购买服务方式提供养老服务。

说明一下,"原办法"规定的购买主体包括各级行政机关和具有行政管理职能的事业单位,以及党的机关、纳入行政编制管理且经费由财政负担的群团组织。而"新办法"则更加准确并具体地规定了作为购买主体的政府,即最主要的是第 5 条规定的各级国家机关,另外还包括在"附则"第 33 条规定的参照执行的"党的机关、政协机关、民主党派机关、承担行政职能的事业单位和使用行政编制的群团组织机关"。

值得肯定的是,为使养老服务更加个性化,一些地方将街道办事处这一政府派出机构也作为购买主体。例如,2018 年《河南省政府购买养老服务实施办法(试行)》将购买主体规定为"承担养老服务职能的各级民政部门、老龄办、街道办事处、乡(镇)政府等政府部门以及符合政府购买养老服务政策要求的事业单位"。又如,2014 年《四川省政府购买居家养老服务实施办法》将购买主体规定为"市(州)、县(市、区)、乡(镇)人民政府及街道办事处。具体由同级民政部门组织实施"。再如,《成都市政府购买养老服务实施办法》将购买主体规定为"市和区(市)县人民政府相关部门、乡镇人民政府及街道办事处"。

(二) 关于承接主体

在关系向谁买问题上,承接主体为具备养老服务资质的社会力量及事业单位

---

① 根据现行行政管理体制,我国共有五级政府,公共服务主要由市、县、乡等基层政府向居民、企业和其他社会组织提供,省级和中央直接政府提供部分公共服务。

(有关阐释见后述"社会力量的词辨"),即养老服务组织及个人。在养老服务等公共服务供给关系中,社会力量不仅作为公共服务的生产者,同时也是公共服务购买合同的直接履行者和直接责任承担者。但是,在目前我国市场发展不平衡、不充分的现实国情下,这些主体还存在政府单一主体供给、限制承接主体发展、公共服务受益面狭窄(项显生,2014)等问题。因此,"选择适格的承接主体、规范的承接程序和科学的承接方式是承接机制的制度使然"(项显生,2014),并应从后述我们建议的"摒弃购买不合理对待,坚守最基本的平等原则"并"消除购买内部化,推进社会组织自治化与市场化"等方面,着力进行制度上的因应完善与建构。

需要特别说明的是,本书使用的养老服务组织一词,一般包括按照大多政策表达及更多规范性文件称谓的养老服务机构与居家养老服务组织两个下位概念:①所谓养老服务机构[①],是指国家、社会组织和个人依法设立,为老年人提供住养、生活护理、康复、托管以及临终关怀等方面综合性养老服务的组织,并具体表现为民办的社会组织、各类企业及原本为公办的事业单位;②对应于依托社区、以家庭为核心、依靠专业化的居家养老服务,我们所称的居家养老服务组织,具体指依托街道(镇)社区服务中心、养老服务机构或以社会组织和公民个人名义依法设立的居家养老服务中心,以及依托社区居(村)委会依法设立的居家养老服务站(互有交叉地包括养老服务机构、社区日间照料中心等),为居家老年人提供生活护理、日托照料、康复训练、精神慰藉等方面专业化养老服务的组织。

正是出于养老服务机构和居家养老服务组织的如此界定,如前所述,便将养老服务这一概念特别定义为:由养老服务机构为住养老年人提供综合性机构养老服务,以及由养老服务机构、社区日间照料中心等居家养老服务组织及个人为居家老年人提供专业化、社区化的居家养老服务,满足老年人生活照料、健康护理、精神慰藉等养老需求的有关服务。

基于此,作为政府购买养老服务承接主体的养老服务组织,具体而论,不仅包括归之于社会力量范畴并属于社会组织或者企业性质的民办养老服务组织,以

---

① 需要注意的是,这里的养老服务机构的机构一词,完全不同于"原办法"以及2018年《政府购买服务管理办法(征求意见稿)》中所称的机构这一含混不清、指代不明的术语,现行"新办法"已将其删去。

及具备养老服务提供条件和能力的自然人（含个体工商户），而且包括事业单位性质、并非社会力量范畴（但已开始呈现归向社会力量趋势）的公办养老服务组织①。对此，如《四川省政府购买居家养老服务实施办法》关于"各级公办养老机构、民办养老机构、城乡社区日间照料中心、其他社会养老服务组织，以及有组织的公益性岗位社工等"的承接主体规定，较为周延，值得肯定。

1. 社会力量的词辨

（1）关于社会力量的概括用词。2013年《国务院办公厅关于政府向社会力量购买服务的指导意见》中的承接主体为社会力量，"原办法"规定的承接主体为社会力量和事业单位，而"新办法"规定的承接主体则为服务供应商。具体而言，"原办法"第6条将承接主体规定为"承接政府购买服务的主体（以下简称承接主体），包括在登记管理部门登记或经国务院批准免予登记的社会组织、按事业单位分类改革应划入公益二类或转为企业的事业单位，依法在工商管理或行业主管部门登记成立的企业、机构等社会力量"，"新办法"第6条则明确为"依法成立的企业、社会组织（不含由财政拨款保障的群团组织），公益二类和从事生产经营活动的事业单位，农村集体经济组织，基层群众性自治组织，以及具备条件的个人可以作为政府购买服务的承接主体"。

比较来看，"原办法"所规定的社会组织、事业单位、企业、机构四类承接主体主要限于社会力量和事业单位范畴，而"新办法"基于服务供应商一词而明确规定的承接主体则分别为企业、社会组织、事业单位、农村集体经济组织、基层群众性自治组织、个人六类，显然其彰显市场化的位序排列更加讲究、契合购买服务现实的主体形态更加丰富（特别是删去"机构"而增设了"农村集体经济组织、基层群众性自治组织、个人"）。不过，"新办法"直接删去之前被广泛使用、涵括丰富的社会力量一词，这从法律术语的确定性来看固然是有必要的，但我们认为，社会力量乃事实上各类承接主体中的中坚力量，即便删去该词

---

① 对于公办养老服务组织中的养老服务机构，一方面，2013年《国务院关于加快发展养老服务业的若干意见》明确要求充分发挥其保障性托底作用，重点为"三无"（无劳动能力，无生活来源，无赡养人和扶养人、或者其赡养人和扶养人确无赡养和扶养能力）老年人、低收入老年人、经济困难的失能半失能老年人提供无偿或低收费的供养、护理服务；另一方面，也推进公办养老服务机构的企业改制试点工作，把专门面向社会提供经营性服务的公办养老服务机构转制成为企业，以切实推进法人治理结构的完善。

也难以否定其存在价值。其实，在社会力量一词的更广义理解下也是可以涵盖此次新增列的农村集体经济组织、基层群众性自治组织、个人的。故而，基于研究所需与讨论便利，我们在后文仍然多以社会力量这一用词展开相关探讨。

（2）关于社会力量的不同使用。特就社会力量一词是否包括事业单位的广义与狭义上的不同使用而言，"原办法"第2条规定"交由具备条件的社会力量和事业单位承担"，但又从第6条"承接政府购买服务的主体（以下简称承接主体），包括在登记管理部门登记或经国务院批准免予登记的社会组织、按事业单位分类改革应划入公益二类或转为企业的事业单位，依法在工商管理或行业主管部门登记成立的企业、机构等社会力量"之表达来看，显然，可将社会组织、事业单位与企业、机构等一并推定为社会力量，尽管更多应是将包括社会组织、企业、机构等在内的社会力量与事业单位并列使用。对此，尽管"新办法"新增农村集体经济组织、基层群众性自治组织、个人，并为避免歧义而将社会力量一词一删了之，但如前所述，这并不影响我们研究上对该词的继续使用。

事实上，各地关于承接主体规定本就不一。诸如：①2018年《河南省政府购买养老服务实施办法（试行）》第7条规定为"依法登记成立的企业公司、社会团体、民办机构以及具备养老服务提供条件和能力的事业单位、个体工商户或自然人等"，其中将本就互有交叉的企业公司、社会团体、民办机构等的并行使用便明显不妥。②虽然2015年《上海市政府购买服务管理办法》与"原办法"

---

① "新办法"将农村集体经济组织以及村委会这一基层群众性自治组织增设为政府购买服务的承接主体，这对促进我国农村地区的政府购买服务发展可谓正逢其时，意义重大。但有必要指出的是，其中的农村集体经济组织作为我国农业经营主体（农村承包经营户、专业大户、家庭农场、农民专业合作社、农村集体经济组织、农业产业化龙头企业）中地位尤为特别的组织形态，有关法律规定仍然模糊不清，无法确切体现其主体地位，长期以来关于其组织归位的争议也颇多，以至于2017年中央"一号文件"还专门要求"抓紧研究制定农村集体经济组织相关法律"。正囿于立法含混与不当缺失导致了其不确定性，认识上便有广义或狭义的不同理解。应该说，广义上的农村集体经济组织，包括农民专业合作社、乡村集体所有制企业（该乡村集体所有制企业本身又有别于农民专业合作社、农村供销合作社、农村信用合作社等农民合作社）、农村股份合作企业或者股份合作公司（简单地将这种曾于20世纪八九十年代在我国地方实践中"轰轰烈烈"探索过的重要改革形态等同于现今的农民专业合作社是明显不妥的），以及有所交错的农业产业化龙头企业等。至于狭义所指，至少不应当包括归于城镇农村的合作经济组织法人中的农民专业合作社这一农村合作经济组织，这从《民法总则》有关规定即可判断。《民法总则》在其"第四节 特别法人"一节中第99条、第100条即将农村集体经济组织法人和农村合作经济组织法人进行了并列规定。当然，农村集体经济组织与农村合作经济组织的关系之争本就由来已久，有的认为农村集体经济组织属于农村合作经济组织，有的则认为二者关系相反，或认为是互不从属的两个平行范畴，显然有待厘清并因应定位。

第 6 条的规定相同,但 2016 年《上海市科学技术委员会政府购买服务实施办法》第 2 条中却又规定为"企、事业单位和社会组织等社会力量"。③ 2014 年《广东省政府向社会力量购买服务暂行办法》将承接主体规定为"承接政府购买服务的主体包括依法在民政部门登记成立或经国务院批准免于登记的社会组织,以及依法在工商管理或行业主管部门登记成立的企业、机构等社会力量",以及 2014 年《深圳市人民政府办公厅关于政府购买服务的实施意见》(深府办〔2014〕15 号)将承接主体确定为:"1. 依法在民政部门登记成立或经国务院批准免予登记的社会组织;2. 依法在市场监管部门登记成立的商事主体;3. 依法在行业主管部门登记的机构。"非常明显,广东省与深圳市的共同之处就是都将事业单位给直接忽略掉了。

值得肯定的是,相对于一些笼统性、照搬性规定①,《成都市政府购买养老服务实施办法》关于承接主体的规定显得具体与周至,即:"(一)取得《养老机构设立许可证》并依法办理法人注册登记的公办、民办养老机构(含公建民营养老机构);(二)城乡社区居家养老服务机构和社会组织、城乡社区日间照料中心、基层医疗卫生服务机构等;(三)养老护理人员教育培训机构和社会组织、专业评估机构和社会组织、实施养老服务信息化建设的机构和社会组织等;(四)有组织的公益性岗位社工;(五)其他能够提供养老服务的社会力量。"

至于本书,则对社会力量和事业单位进行必要的区别性使用,主要将具备服务提供条件和能力的社会组织、各类企业、农村集体经济组织、基层群众性自治组织、自然人(含个体工商户)等统称为社会力量。当然,事业单位本身也正在推进有条件的转为企业或社会组织改革下归向社会力量。因而,无论在何种意义上使用的政府购买服务一词,都几乎是与政府向社会力量购买服务一词同义的。就此而言,政府购买养老服务亦即政府向社会力量购买养老服务(如 2014

---

① 值得注意的是,一些地方对承接主体明显缺乏契合于政府购买养老服务意义上的规定,更多是笼统性、照搬性的,往往让人不明就里。例如,《郑州市政府购买养老服务暂行办法》第 7 条规定:"政府购买养老服务的承接主体是依法在民政部门登记成立的社会组织或在工商管理部门登记成立的企业、机构等社会力量。"又如,《青岛市政府购买养老服务管理办法》第 5 条规定:"承接政府购买养老服务的主体(以下简称承接主体),包括在民政部门登记或经国务院批准免予登记的社会组织,以及依法在工商管理或行业主管部门登记成立的企业、机构等;经编制部门、财政部门结合预算及单位职责情况确定的部分事业单位可以作为政府购买养老服务的承接主体,但要与具备条件的社会力量公开平等竞争。"

年《青海省政府向社会力量购买养老服务实施办法》便如此使用）。

2. 具体形态的表现

作为政府购买养老服务承接主体的养老服务组织具有特定性与选择性，其具体形态主要如下。

（1）归于社会力量范畴的民办养老服务组织，包括社会组织——具体组织形态主要为《民法总则》规定的社会服务机构这一非营利法人，或者企业——具体为《公司法》《合伙企业法》《个人独资企业法》规定之公司、合伙企业、个人独资企业等营利组织形态。这些从事居家养老、社区养老、机构养老的养老服务组织之间可互有交叉。

再次跟进性表明一下，对于"新办法"迎应农村地区政府购买服务发展的需求而新增设的农村集体经济组织与基层群众性自治组织，如前所述，也是可以更宽纳入社会力量范畴的。

（2）具备服务提供条件和能力的自然人（含个体工商户），如《四川省政府购买居家养老服务实施办法》《成都市政府购买养老服务实施办法》所规定的"有组织的公益性岗位社工"这一非组织的个体类养老服务承接主体。

相对于承接主体主要是营利性企业和非营利性社会组织以及事业单位但自然人（含个体工商户）却被不当排除在外的现有规定而言，政府向自然人购买养老服务事实上具有其特定优势。对此，"新办法"的两大亮点就是新增具备条件的个人（当然其相对于企业、社会组织等也应是补充性的），并同时配以禁止变相用工，即"购买主体向个人购买服务，应当限于确实适宜实施政府购买服务并且由个人承接的情形，不得以政府购买服务名义变相用工"（第18条）。显然，这充分体现了政府鼓励合格的自然人（服务领域专家）参与政府购买服务业务的积极态度，充实了承接主体范围，因应了公共服务承接主体多元化的形势发展需要。

（3）事业单位性质的公办养老服务组织，属于按事业单位分类改革的政策规定划为公益二类的事业单位①或从事生产经营活动的事业单位。

事业单位改革对政府购买养老服务可谓正合时宜，兹因：在推进事业单位分

---

① 应该说，对于究竟哪些事业单位可以购买公共服务的规定，长期含混不清，直到财政部和中央编办于2016年联合印发的《关于做好事业单位政府购买服务改革工作的意见》（财综〔2016〕53号）才对此有所明确，即按照分类施策的原则，重在推行政府向公益二类事业单位购买服务。

类改革过程中,政府和事业单位性质的部分公办养老服务组织之间的关系将会由直接管理关系转为购买方和供给方之间的契约关系,政府支持也由主要依靠财政拨款方式转为更多地采用购买服务方式。但值得注意的是,按照"新办法"第8条规定,即"公益一类事业单位、使用事业编制且由财政拨款保障的群团组织,不作为政府购买服务的购买主体和承接主体"。同时,事业单位承接政府购买服务的,应按照费随事转原则,亦即"新办法"第3条所要求遵循的"以事定费原则"(第18条所规定的"禁止变相用工"也是这种要求的一种体现),相应调整财政支持方式,防止一边通过财政拨款养人办事、一边花钱购买服务,亦即实现从以钱养人向以钱养事的转变。此外,特别是在政府资金有限下也要防止"事业单位往往会利用政府优势与非事业单位组织和自然人'争食',挤占非事业单位组织和自然人发展资金"①的现象(项显生,2014)。

确实,无论是购买主体还是承接主体都涉及事业单位,本就涉及政府购买服务与事业单位改革衔接的重大问题。尽管"新办法"基于部门规章的立法考量只是在第33条将作为购买主体的事业单位限于"承担行政职能的事业单位"、第6条将作为承接主体的事业单位规定为"公益二类和从事生产经营活动的事业单位",以及第8条禁止"公益一类事业单位"作为购买主体和承接主体,但是,关乎其中的事业单位改革问题毕竟值得持续关注。对此,如"原办法"第9条规定就体现了这种依然必要的改革关注②,即"政府购买服务应当与事业单位改革相结合,推动事业单位与主管部门理顺关系和去行政化,推进有条件的事业单位转为企业或社会组织"。又如,财政部和中央编办于2016年联合印发的《关于做好事业单位政府购买服务改革工作的意见》(财综〔2016〕53号)更是明确了"通过政府购买服务改革支持事业单位分类改革和转型发展,增强事业单位提供

---

① 相比较而言,国外非政府承接主体不但不需要与政府"争食",相反,政府资金是其发展的重要保障,如德国的非政府组织收入的70%、法国60%、意大利43%、英国40%、澳大利亚56%都来自政府。参见韩俊魁:《向非营利组织购买公共服务的理论与国际经验》,http://www.360doc.com/content/10/0724/23/620041_41238529.Shtml。

② 有必要说明的是,亮点纷呈的"新办法"是"原办法"这一部门规范性文件提升为刚性部门规章的重要成果,其立法进步显在。但在对其进行充分肯定的同时,也要理性对待"原办法"当中虽不宜在"新办法"中继续存在但却仍有其积极"软法"意义的一些规定,这正是我们所主张的"硬法软法和谐共治"。

公共服务能力"。显然，这一强调政府购买服务并且将其与事业单位改革相提并论的政策思路，旨在通过政府购买倒逼事业单位改革。对此，正如财政部副部长刘昆所言，"运用政府购买服务的理念，倒逼事业单位加快改革，有利于政府购买服务与事业单位分类改革衔接，有利于推动事业单位与主管部门理顺关系和去行政化，有利于推进有条件的事业单位转为企业或社会组织，既可以减少改革阻力，也可以促进实现政事分开、政企分开"（冯艺，2014）。

当然，尽管既有政策文本尚未对政府向事业单位购买公共服务的资金规模、资金来源、定价机制①等作出细致可行的规定，但仍需"坚持政府购买与事业单位改革相衔接"原则下的持续关注与跟进努力。至于具体的衔接条件，句华和杨腾原（2017）归纳出的政府购买与事业单位改革实现衔接的内生条件（意愿和能力）与外生条件（范围和规模、程序和技术），并进而指出："目前在这三种条件中除了已经具备的积极要素之外，还有一些要素尚缺：一是在操作层面上还缺乏明确的政府向事业单位购买公共服务的范围与规模；二是在程序和技术上还缺乏政府向事业单位购买公共服务的精致可行的定价机制；三是作为购买者的政府还不算精明，其能力还有待加强。"

（三）关于服务对象

1. 特殊对象

政府购买养老服务的服务对象，即受服务老年人（并有受益方、客户、消费者、服务使用方等不同措辞）。就直接关系为谁买问题的服务对象而言，该对象范围的确定有其特定性与选择性——优先满足最需要养老服务的老年人。即是说，政府购买的养老服务乃兜底性地为生活自理能力较弱、经济条件较差、高龄的老年人优先提供②。如 2017 年《青岛市政府购买养老服务管理办法》第 7 条

---

① 对于较为突出的定价机制问题，有学者指出：定价主体的单一、定价机制的不透明，使得政府购买服务的价格体系不够科学，在具体运行中造成项目资金不足影响项目成效、财务的变通处理存在财务隐患、项目资金过多造成资源浪费等问题。参见许源：《政府购买社会组织服务定价机制研究》，《学会》2015 年第 7 期。有鉴于此，也有学者建议通过增加《政府购买社会组织服务价格目录》等来有效应对。参见徐家良：《政府购买社会组织公共服务制度化建设若干问题研究》，《国家行政学院学报》2016 年第 1 期。

② 一定意义上，《老年人权益保障法》第 41 条"政府投资兴办的养老机构，应当优先保障经济困难的孤寡、失能、高龄等老年人的服务需求"的规定，虽然只是限于政府投资兴办的公办养老服务机构，但相较于政府购买养老服务而言也可谓一种殊途同归的类似表达。

"优先保障经济困难的孤寡、失能、高龄等老年人的服务需求,重点安排与基层和农村老年人生活照料、康复护理、精神慰藉等密切相关的项目"的规定即是体现。事实上,各地服务对象也大多为符合本地相应条件的"三无"或"五保"、失能或半失能、高龄等特殊老年人群体,亦可称"五类老人"①。

这是因为:一方面,从服务的供给主体、供给客体和服务内容三大基本构成要素来看,养老服务有广义与狭义之分。狭义上的养老服务是针对社会弱势群体,强调政府责任;广义上的养老服务则是针对全体公民,强调政府主导(陈英姿和满海霞,2013)。另一方面,政府供给的养老服务是面向全部老年人的,因而具有消费上的非排他性;但财政资金的有限性限制政府只能有限解决"兜底"的那一部分老年人的养老,使养老服务又具有排他性。也就是说,只有满足年龄、自理程度等规定条件的老年人才可以享受,否则增加一个人会影响其他人获得服务的质量,这样便具有收益的竞争性,政府购买的养老服务因而属于准公共产品(王睨昀等,2015)。

所以,政府购买养老服务并非覆盖所有弱势老年人,只有符合要求的才能享有政府购买的养老服务项目。特别是在我国适度普惠型养老服务的目标定位下,政府应当购买的首先是最基本的养老服务,其最根本任务就是兜底解决城乡老年人因失去自理能力并缺乏经济能力所致的养老服务问题。

借此就世界上最早实行政府购买养老服务制度的英国而言,在其从国家照顾的传统模式转向政府购买、社会提供的社区照顾模式中,由政府对贫困家庭的老年人给予养老补助,对其中有一定经济能力但无人照顾、半失能的老年人低偿提供养老服务,对其中孤寡、残疾老年人免费提供专业的养老服务,以履行政府的养老服务职能。而且,为了准确将养老服务提供给生活困难的老年人,英国政府还要求在向老年人提供养老服务之前,需要对接受养老服务的老年人进行资产评估,从而判断其是否具备相应的经济能力来承担养老服务费用,是否需要政府无偿或是低偿为其提供养老服务,以减轻政府财政购买养老服务的经济负担(周雪,2016)。至于美国,政府会对老年人的综合能力进行全面评估,包括生理角

---

① "五类老人"指的是:①城镇"三无"人员、农村"五保"人员;②低保及低保边缘的老人;③经济困难的失能、半失能老人;④70周岁及以上的计生特扶老人;⑤百岁老人。参见吴玉霞:《政府购买居家养老服务的政策研究——以宁波市海曙区为例》,《中共浙江省委党校学报》2007年第2期。

度、心理角度和社会角度,具体内容包括语言表达、学习能力、经济自给能力、感知能力等。汪怡(2015)就此概括道,美国的政策既从价值上充分体现了政府最后一道安全网的保障托底功能,又从经济上体现了"好钢用在刀刃上"的有限财政效用,也从理念上体现了"以人为本、以需为本"的政策服务性和"鼓励个人自决自主自立"的政策引导性。

2. 本质把握

值得注意的是,关于服务对象以及下述购买内容的范围确定,其实都维系于政府购买养老服务的本质把握,而政府为老年人购买养老服务的本质显然应在于:重点为那些自理能力欠缺(丧失自理能力的需要介护,部分丧失自理能力的需要介助),并且无经济能力聘请他人照顾自己生活的老年人购买养老服务。

显然,自理能力欠缺和无经济能力聘请他人照顾自己生活,这两个要件必须同时具备,缺一不可——以这两个要件为标准的区别对待才是合理的。亦即政府只有为那些自理能力欠缺且无经济能力聘请他人照顾自己生活的老年人购买养老服务才是合理的,否则就是侵犯老年人的平等权。理由在于:①有完全自理能力的人客观上根本不需要他人照料自己的生活,即便自理能力欠缺但是自己有经济能力购买养老服务的人客观上也不需要政府来"埋单"。②有利于适应国家"促进社会公平正义"的要求和公众日益高涨的平等诉求。如果政府为有自理能力的老年人或虽然自理能力欠缺但是自己有经济能力的老年人购买养老服务,那么其他公众便会认为政府把有限的财力花在没有真正需要的人身上了。而且,其他公众自己虽然并不真正需要或必须依赖政府帮助,同样会认为政府侵犯了自己的平等权,也就是与那些同样不是必须依赖政府帮助而得到政府额外福利的人相互比较的平等权。③政府在福利供给上用钱的恣意有损自由价值。其一,额外用钱意味着作为财政来源的税收要加大,进而意味着要对纳税人财产自由权的进一步侵犯;其二,为并非真正需要政府埋单的人埋单意味着这些人以及打算效仿的人将过度依赖政府,这些人即使没有让自己通向哈耶克所说的奴役之路也必将使个人自由受损;其三,如此所为明显不符合有限政府的理念——"该出手时才出手"(袁维勤和于新循,2011)。

基于此,我国应当在法律上对满足最需要服务的老人与需要服务的老人作出合理的区别对待。而在服务对象范围的确定上,尽管各地编制的《政府购买养老服务指导目录》细化内容可以有所不一①,但在基本养老服务方面必须体现其共同所求的兜底价值。

3. 主要规定

(1) 国家层面。例如,2013 年《国务院关于加快发展养老服务业的若干意见》明确要求充分发挥其保障性托底作用,重点为"三无"(无劳动能力,无生活来源,无赡养人和扶养人或者其赡养人和扶养人确无赡养和扶养能力)老年人、低收入老年人、经济困难的失能半失能老年人提供无偿或低收费的供养、护理服务。又如,2014 年《财政部等关于做好政府购买养老服务工作的通知》更是明确要求"优先保障经济困难的孤寡、失能、高龄等老年人的服务需求"。

(2) 地方层面。从各地的规定来看,目前政府购买养老服务的服务对象基本限于孤寡老年人、半自理和不能自理贫困老年人、一定年龄以上空巢高龄等民事行为能力欠缺、明显归于社会弱势群体的老年人。例如,2011 年山东省政府第二次修订的《山东省优待老年人规定》明确提出在全省实行政府购买养老服务制度,对孤寡老年人、半自理和不能自理贫困老年人、80 周岁以上空巢高龄老年人,当地政府应根据本人申请,经认定后,给予购买居家养老服务或机构养老服务照顾(宁昊然和杨传秀,2011)。又如,2014 年《四川省政府购买居家养老服务实施办法》将居家养老服务对象十分具体地分为三类,即"60 周岁以上的散居城镇'三无'老人、散居农村'五保'供养对象;60 周岁以上的居家养老城乡低收入家庭中的失能老人、残疾老人和独居老人;城乡低收入家庭中 80 周岁以上居家养老的老人"。再如,2018 年《河南省政府购买养老服务实施办法(试行)》第 5 条规定:"政府购买养老服务的对象是目前居住在河南省区域内,年满 60 周岁以上(含 60 岁)的城乡居民。重点保障"三无"(无劳动能力,无生活来源,无赡养人和抚养人或者其赡养人和抚养人确无赡养和抚养能力)老人、计划生育特殊家庭老人、低收入老人、经济困难的失能半失能老人的养老需求,应将年龄在 70 岁以上的老人优先纳入政府购买养老服务范围。"显然,较之于不少地方的实施办法在此方面的不当忽略,这些省份如此明确的兜底性规定值

---

① 对此,我们认为全国上下并无必要整齐划一。以美国为例,由于 2006 年修订的《美国老年人法》规定联邦政府可以把资助对象的具体资格要求交给州政府确定,州政府也可再按照实际情况交给地方政府。因此,服务对象的资格条件在不同地区规定有所差异。

得肯定。

（四）关于购买内容

1. 基本判断

政府购买养老服务应以需求为导向来确定购买内容，此即直接关系买什么这一基本问题。值得注意的是，服务内容所涉及的边界问题本就存在不少质疑。例如，项显生（2015）主张"政府购买公共服务边界应以民生性、公共性、权力制约性和可操作性等作为识别因素"，认为"理论上所有能够量化且符合公共利益的公共服务都是可购买的，但在实践中，似乎并没有什么公共服务是不能购买的，关键在于条件是否合适、是否有利于节约开支、是否有利于提高服务满意率，因而它的边界是动态而非静态的"。

从以美国为例的国外经验看，美国的做法是以政府固有职能为标准并结合绩效的考量来决定是否将某项公共服务外包出去，即分两步决策：第一步根据成文法的规定，以政府固有职能为标准排除不能社会化的职能。美国联邦采购政策局1992 年第 92 号政策函对政府固有职能的含义进行了阐释，即若某项职能与公共利益密切相关，以至于应当由政府公务人员执行的，即属于政府固有职能（常江，2014）。第二步就是在可以外包的政府公共服务范围内再根据成本—效益评估后的绩效考量，决定是否外包公共服务。又如，马丁和米勒合著的《公共部门服务合同》一书总结了科罗拉多州公共服务合同应该考虑的九个因素：①市场特征，即公共服务是否能够吸引潜在的供应商；②政治阻力，指来自选举官员、市民、公共雇员、联合会和其他利益相关者对公共服务合同的反对；③服务质量，指时间保证、可信赖性、可获得程度等问题；④对公共雇员的影响，即通过服务合同承包是否会减少公共雇员的数量；⑤合法问题，即服务合同承包是否符合法律、法规、规章和政策的规定；⑥合同风险，即可能存在的贪污腐败、服务纠纷、财政赤字等；⑦私人部门的资源，即私人部门是否具有政府部门所不具备的设备、专业人才等资源；⑧控制，即政府部门能够掌控公共服务合同；⑨成本，即公共服务承包的成本高低问题（王丛虎和曾利，2014）。可以说，这些都可以成为我国公共服务合同签订前应该考虑的因素，而不是盲目地为购买而购买。

王丛虎和曾利（2014）认为："如果公共服务合同承包会带来政治的负面影

响、超越行政职能或者推卸行政责任、违背法律条款和精神等则不应该通过购买方式实现。"并且，该学者基于发达国家的经验加之我国具体国情的思考，进而认为政府购买服务的边界可以从五个方面加以考量：一是从政府职权的性质上分析宪法、组织法规定的固有职能不得向市场购买；二是从公共服务的成本效益上分析购买成本高于生产成本的不得向市场购买；三是从公共服务的质量上分析难以保证服务质量的不得向市场购买；四是从引入竞争的程度上分析，无法展开适当竞争的不得向市场购买；五是从支持社会组织的情况上分析，不能促进社会组织发展的不得向市场购买（王丛虎，2015）。显然，这是非常有见地的。

2. 两方面契入

简言之，所谓购买内容或者说购买边界，即属于或限于政府职责范围且适合通过市场化方式提供的基本养老服务事项。值得关注的是，"新办法"定义中"属于自身职责范围且适合通过市场化方式提供的服务事项"这一限定，相较于2013年《国务院办公厅关于政府向社会力量购买服务的指导意见》和"原办法"定义中"把政府直接提供的一部分公共服务事项"的规定更为严谨与科学，进步意义凸显。另外，2017年《财政部民政部人力资源社会保障部关于运用政府和社会资本合作模式支持养老服务业发展的实施意见》（财金〔2017〕86号）也明确要求"坚持公共服务属性，合理界定政府和社会资本合作提供的养老服务边界"。

以下有关探讨，特从购买内容的一般和购买内容的清单制两个方面契入。

（1）购买内容的一般，即政府购买的是属于或限于政府职责范围且适合通过市场化方式提供的，并通过指导目录加以确定的兜底性的基本养老服务事项。

1）政府所购买的养老服务虽然广义上可以包括为老年人等社会公众提供的养老服务（公共服务），以及政府履行养老服务之职所需的辅助性服务（内部服务），但如后文所辨，我国国务院出台的有关指导意见均强调政府购买的养老服务具有公共性和公益性，即其服务是指公共服务，因此，现行政府购买养老服务制度主要规范的就是政府购买的公共服务。至于政府购买履职所需的辅助性服务，则按照《政府采购法》规定予以相应执行。

2）基于政府是有限的，政府的养老服务资源是有限的，因而政府所购买的养老服务也应当是兜底性的公共服务，即满足老年人最基本、最急切的基本养老服务需求。按照我国社会保障"保基本、兜底线、广覆盖"以及可持续原则，政府购买养老服务供给的重点应在基本养老服务需求层面上。所以，政府购买养老服务，更准确地讲就是政府购买公共服务意义上的政府购买基本养老服务。

目前，我国政府购买养老服务存在的一大问题在于养老服务供给不足与养老服务需求增长明显不匹配所致的政府购买公共服务偏离现象（吴月，2015）。为此，各地购买内容要切合当地实际，并以最合适方式购买到老年人最需要的基本养老服务。例如，《财政部民政部人力资源社会保障部关于运用政府和社会资本合作模式支持养老服务业发展的实施意见》（财金〔2017〕86号）就明确要求："优先支持保障型基本养老和改善型中端养老服务发展……探索形成符合当前国情的养老服务供给模式，保障面向老年人的基础性养老服务供给。"又如，《青岛市政府购买养老服务管理办法》第7条规定："以老年人基本养老服务需求为导向，优先保障经济困难的孤寡、失能、高龄等老年人的服务需求，重点安排与基层和农村老年人生活照料、康复护理、精神慰藉等密切相关的项目。"

3）各级财政部门负责编制本级《政府购买养老服务指导目录》①，其所确定的政府购买服务的种类、性质和内容，一般应包括居家养老服务、社区养老服务、机构养老服务。但值得注意的是，一方面由于各地经济社会发展水平不同而导致各地基本养老服务需求与购买内容的各有不同，所以各地各级编制指导目录时要"考虑政府公共财政的承受能力，并根据老年人自身的健康水平、自理能力、年龄界线和需求内容来划分享受的优先次序，保障养老服务供给的公平和效率"（李文杰，2018）。另一方面，该目录经同级政府批准后具有法律效力，对其实施必须确保刚性要求。即是说，对目录内的事项必须购买服务，没有列入购买目录的则不得编制预算，不得违规购买服务，并视情况必要及时调整指导性目录。

（2）购买内容的清单制，即购买范围的目录确定。有关进一步阐释，详见

---

① 一般称为指导目录，也有称作实施目录，如上海市财政局2017年修订印发的《上海市市本级政府购买服务实施目录》。有人就此指出：市、县、乡等基层政府负责政府购买公共服务的具体实施，以列举法为主，配合少量描述法及负面清单界定所购公共服务具体边界，应是制定执行目录，而不是指导目录。参见张偲、温来成：《界定政府购买公共服务边界的政策建议》，中国政府采购网，http：//www.ccgp.gov.cn/gpsr/lltt/201805/t20180528_9995163.htm。

第五章第四节。

（五）关于类别与模式

1. 直接购买与间接购买

在关系怎么买问题的政府购买养老服务类别上，包括两种基本方式：一种是直接购买——政府向作为承接主体的社会力量购买服务，另一种是间接购买——政府补贴或补助①。需要指出的是，以这两种基本方式为基准，可以进一步进行诸如下文所作的多种分类。强调一下，本书所指的政府购买养老服务主要是就直接购买服务而言的。

显然，政府对于这两种方式不可偏废，应当紧密联系、按需择优采用服务供给方式②。例如，2006年《国务院办公厅关于加快发展养老服务业的意见》就提出"积极支持以公建民营、民办公助、政府补贴、购买服务等多种方式兴办养老服务业"。又如，在政府支持公共科技服务发展方面，2014年《国务院关于加快科技服务业发展的若干意见》（国发〔2014〕49号）专门提出"创新财政支持方式，积极探索以政府购买服务、'后补助'等方式支持公共科技服务发展"的重要要求。再如，2014年《广东省政府向社会力量购买服务暂行办法》明确规定，"政府向社会力量购买服务主要采取方式包括：（一）服务外包。引入竞争机制，将政府购买服务事项通过合同、委托等方式，交给符合条件的承接主体来完成，根据其所提供服务的数量和质量支付服务费用。承接主体不得转包。（二）补助或奖励。对兼顾或义务提供公共服务的社会力量，政府通过给予资金支持来降低特定产品或服务的价格，从而使消费者具备购买能力，或弥补特定社会力量的生产成本，提高其提供公共服务的水平和能力。"

就政府补贴或补助而言，它不仅可直接用于受服务的老年人（服务对象），

---

① 相对于补贴而言，包括经费资助、实物资助和优惠政策等补助方式更加多元，而流程简单、成效显在的服务券、消费券、交易券、创新券等"后补助"方式更是值得大力推行。

② 对于从政府机关或事业单位剥离且属于基本公共服务范畴的事务，本来就有两条路径可供选择：一种方式是重在补需方，直接向社会公众发放补贴，由社会公众自主选择服务供应商，市场化程度较高的社会服务适合采用该种方式；另一种方式是重在补供方，由政府选择服务供应商并对其进行补助，目的在于实现规模效应，规范市场秩序，同时有针对性地培育社会组织等社会力量，促进市场发育完善。参见民建上海市委2012年组织提案：《关于进一步规范政府购买服务的建议》，http://www.mjshsw.org.cn/shmj2011/node553/node554/userobject1ai1746691.html。

而且也可先将其直接用于提供服务的养老服务组织（承接主体），再通过政府购买养老服务的方式落实到受服务老年人身上，直接助其改善养老生活、享受养老服务品质。显然，这样的福利更加周至与全面。例如，2018 年《郑州市政府购买养老服务暂行办法》所规定的承接主体建设补贴和运营补助即是如此①。又如，我国最早于 2012 年就开展创新券实践的是江苏省宿迁市，这种为支持科技型企业研发创新而向受服务企业发行的科技创新券②，作为政府购买科技服务的方法创新，便是分类补贴的典型做法。

2. 合同制、委托制、补贴或补助制

王春婷（2012）指出，西方发达国家与地区的政府购买服务模式可归结为目标模式，即具备制度化、竞争性与独立性特征。而中国政府购买服务模式为国内模式，不同于国外目标模式，呈现出制度化与非制度化、竞争与非竞争、独立与依附关系并存的多元化特征。

（1）实践中的三种模式。实践中普遍存在合同制、委托制、补贴或补助制③等多种模式：一是合同制。此乃最理想的独立关系竞争性购买（合同购买），即通常所称的合同外包或合同出租。二是委托制。更多指政府以定向方式向一个或多个特定社会力量或事业单位进行委托购买而并未在全社会全面推开的一种内部化模式，如应予竞争性和透明性改造的体制外独立关系非竞争性购买这一我国现实中的最主要模式。当然，广义上也包括政府以指定方式向其附属的事业单位或社会力量进行形式购买但应予基本摒弃的体制内依赖关系非竞争性购买。三是补贴或补助制，即典型的间接购买模式。

---

① 2018 年《郑州市政府购买养老服务暂行办法》第 8 条规定："（二）购买社区养老服务。依托承接主体为符合政府资助条件的老年人购买社区日间照料、老年康复文体活动等服务，以及为社区养老服务中心提供建设补贴和运营补助；（三）购买机构养老服务。依托承接主体为符合政府资助条件的老年人提供机构供养服务、护理服务，以及为民办养老机构提供建设补贴和运营补助。"

② 科技创新券（此类凭单通常也称代金券或消费券），是指科技管理机关向企业发放创新券，企业向科技中介服务机构购买创新服务时，用创新券抵扣一定比例的服务费用，科技中介服务机构持收到的创新券向市科技局兑现并获得一定的服务补贴。显然，科技创新券是以一种有别于直接购买服务合同制的间接购买方式来支持科技型中小微企业创新的凭单制手段，是推动科技服务需求方和供给方有效对接的一种途径。

③ 国外社会组织参与政府购买服务，因各国国情不同而采取了各有不同的形式。萨瓦斯在其《民营化与公私部门的伙伴关系》一书中就把公共服务的市场化形式总结为 10 种，即政府服务、政府间协议、政府出售、政府补助、合同承包、凭单制、特许经营、志愿服务、自由市场、自我服务等。

（2）王浦劬的四种模式。在直接购买意义上，王浦劬梳理发达国家政府购买服务的实践，总结出依赖关系非竞争性购买、依赖关系竞争性购买（我国现行体制下极少见到）以及独立关系非竞争性购买、独立关系竞争性购买四种基本模式。

对于难免涉入其中的竞争性购买（含依赖关系竞争性购买、独立关系竞争性购买）与非竞争性购买（包括依赖关系非竞争性购买、独立关系非竞争性购买）而言，其中"竞争性购买通常具备事先设定选择标准、一次投标、一次决定及不允许私下协商与谈判的特征，被认为是最有效、最符合市场竞争规律、最具有民主精神的承接主体选择方法"（王浦劬和萨拉蒙，2010）。至于非竞争性购买，一般不通过公开招标的方式，而是采用单一来源采购或者询价采购等方式来确定承接主体。此外，作为间接购买服务形式的政府补贴或补助，广义上亦属非竞争性购买范畴。

韩俊魁（2009）对比性指出："竞争性购买的关键要件，一是公开招投标，二是建立在不同主体契约关系之上的购买合同和购买程序。非竞争性购买主要包括体制内吸模式以及体制外非正式按需购买模式，意味着购买主体之间并非通过招投标，而是通过指定、委托、协商等方式完成的购买行为。它不能同时满足以上两个要件，至少不满足第二个要件。"并且认为："尽管各国在政府购买程序上有很大不同，但购买方式却只有几种有限的逻辑组合，如竞争性购买、指定性购买和协商式购买等。"

显然，这两种模式的规范化运作程度不同，在主体间关系、承接主体选择程序、服务质量评估与监督等方面均有区别。尤其是在我国现有直接购买服务事实上仍多以非竞争性购买模式为主的特定背景下，从内部化委托制的非竞争性购买转向公开透明并注重独立第三方专业评估与监督、凸显成本最小化与成效最大化的竞争性购买，理所应当也是大势所趋。

（3）三大直接购买模式。根据承接主体的独立性和竞争性并排除依赖关系竞争性购买后，可将直接购买模式分为如下三大类。

1）形式购买，或者说设立购买、指定购买。该模式实乃体制内依赖关系非竞争性购买，是一种因政府直接设立或者指定的承接主体为其附属或内部机构而应予基本摒弃的典型内部化模式①。显然，形式购买与委托购买、合同购买最大不同即在于：这一模式中附属于政府的养老服务组织其实就是政府的执行者而已，购买责任由政府完全承担。

2）委托购买，或者说定向购买。该模式属于体制外独立关系非竞争性购买，是一种定向委托某一个或几个独立于政府之承接主体的特殊"内部化"模式。这一模式是我国目前政府购买养老服务实践中最主要与最常见的，但又明显缺乏竞争性和透明性②。当然，对于这种独立关系非竞争性购买的委托购买，也并非一概摒弃而是要扬长避短地增强其竞争性和透明性。例如，2013年《中共中央关于全面深化改革若干重大问题的决定》"推广政府购买服务，凡属事务性管理服务，原则上都要引入竞争机制，通过合同、委托等方式向社会购买"的规定中，即包含了对委托购买方式的竞争要求。

但有必要注意并理性对待的是，李文杰（2018）认为"服务在合同外包后其效益存在'被高估'的现象，政府内部供给或者定向委托也能减少福利资源不恰当的配置风险，关键在于合同设计之初就应该对预期效益和可能存在的风险进行分析，约束服务承包商以保障服务质量"。其实，政府购买服务带来效率命题本身仍是真伪存疑的，乃至北京大学李春霞等（2012）以内卷化概念③将政府购买服务趋势描述为"虽然越来越多服务项目开始被社会组织承接，但其提供的服务质量并没有保证，甚至质量不佳，是低水平上的重复发展"。再者，还有文章针对宁夏地方政府与银川市西夏区正茂社区居委会在购买养老服务和环保服务实践中的独立非竞争性契约合作，既指出了政府购买力度不够且决策者认识有偏

---

① 例如，上海市普陀区政府自2001年起开展居家养老服务，建立助老服务中心和街道助老服务分中心，组建养老服务队伍，实施政府购买服务制度，即设立购买。参见2004年《上海市普陀区民政事业发展"十一五"规划》。然而，《浙江省关于加快推进政府购买养老服务的意见》（浙财社〔2015〕193号）却要求"各级民政部门或乡镇（街道）一律不得自行指定单位、组织和个人承接政府购买养老服务项目"，其意义堪称重大而深远。

② 例如，"宁波海曙区的居家养老模式，用最少的钱起到了最好的效果"。早在2004年便在国内先行先试的宁波海曙区居家养老模式中，最重要的就是政府购买居家养老服务，即由政府出资为区内60岁以上独居并且无收入的老年人购买养老服务，由在购买服务时直接认定作为社会组织的星光敬老协会来提供服务。这种没有通过公开招标方式选择养老服务机构，即定向购买。参见钟闻：《宁波海曙社保新模式：养老服务政府补贴》，《第一财经日报》2008年3月11日。

③ 内卷化是指某种社会或文化模式在某个阶段发展为一种确定模式后，便出现停滞不前的现象，使其无法转化为更高级的模式。

差、合作协议委托内容混淆并对政府约束力不强、合作程序缺乏程序公平性等问题,特别是难以实现合作效果最优的机会不均等、竞争性不足等亟待制度性改进完善的"通病"。但也重在强调了这一契约关系可以促使当前呈现"法"外运转、"错"位运转的居委会等社区自治组织加强其能力建设,以提高其服务的质量、效率及竞争力(李东林和杨海洪,2009)。

有鉴于此,我们不能应然性地简单基于合同购买这一独立关系竞争性购买的理想模式而轻率甚至恣意地对颇具"中国特色的委托制"进行一概摒弃①,而是要实然性地通过扬长避短增强其必要的竞争性和透明性——这一态度亦如之前所言,同样要摒弃"忽略中西方在政府购买养老服务过程中的制度背景、福利文化、社会组织发育等多种因素差异"(吉鹏,2014)等非理性倾向。

3) 合同购买,或者说合同外包,实乃独立关系竞争性购买,是一种政府购买服务中凸显购买双方独立性、服务供给竞争性、购买程序公开性、第三方监督有效性等优势的最理想模式。在此模式中,购买主体与承接主体之间是平等的市场主体,通过平等协商、意思自治而签订购买合同,从而达致一种真正意义上的契约关系。本书探讨基本依托于合同购买这种最为契合市场化、规范化、标准化、契约化要求的理想模式。

总之,随着经济社会的发展,世界范围内的政府购买服务形式都在不断发生变化。正如韩凤芹(2015)所言,政府购买服务总体上更加重视结果导向,更加重视绩效,更加强调竞争,呈现出从政府直接拨款转向合同式、从补助提供者(补供方)向补助消费者(补需方)转变。而合同式提供和以服务券为代表的消费者补贴制,更加有利于塑造市场化的公共服务提供机制。

3. 公办民营、民办公助、服务外包

有关公办民营、民办公助、服务外包三者的政策提出与研究对待值得关注与

---

① 类似地,有学者认为政府购买社区居家养老服务的合作是一种共销模式,在社区居家养老服务发展过程中,市、区、街镇三级居家养老服务中心以及其他居家养老服务组织都是在政府的直接扶持下建立起来的,具有显著的行政色彩。然而,政府购买机构养老服务却表现出合作伙伴模式的特点。政府购买养老服务合作模式的存在取决于现实基础,共销模式的存在会持续相当长的时间。只有当养老服务组织一旦具备了更强的专业优势、有了更多的资源积累,它在与政府合作中也自然具有更强的独立性,这时政府购买养老服务合作模式就具备了从共销模式走向合作伙伴模式的条件。参见章晓懿:《政府购买养老服务模式研究:基于与民间组织合作的视角》,《中国行政管理》2012年第12期。

必要厘清。例如，早在2006年《国务院办公厅关于加快发展养老服务业的意见》就提出"积极支持以公建民营、民办公助、政府补贴、购买服务等多种方式兴办养老服务业"。又如，吴玉韶和王莉莉（2015）认为"现阶段我国的政府购买养老服务形式可主要划分为公办（建）民营、民办公助、养老服务外包这三种养老服务购买类型"。再如，章晓懿（2012）认为："根据养老服务机构的所有权、购买服务的内容、购买服务的方式以及接受补贴方不同，政府购买养老服务存在着公建民营、民办公助、服务外包和服务券四种形式。"

周雪（2016）对这三者分别解释为：①公办民营的养老服务购买形式是我国试点地区政府普遍采取的一种政府购买养老服务形式，即由政府提供资金在公用土地上建设养老服务机构，建成后通过招投标的形式与民办养老服务组织签订养老服务购买合同，由该民办养老服务组织经营管理，按照购买合同的内容向符合条件的老年人提供养老服务，政府根据合同内容以及该民办养老服务组织所提供养老服务数量、服务质量来向其支付费用。②民办公助的养老服务购买形式，即由民办养老服务组织自行建立、经营养老服务机构，政府通过给予床位补贴、服务补贴以及减免水电费等各项政府补贴，获得该养老服务机构提供的相应养老服务，政府将这部分养老服务提供给有需要的老年人。③养老服务外包购买形式，即政府为了满足老年人的养老服务需求，将所需求的养老服务项目形成招标性文件，通过招投标方式来选择具备相应资质的民办养老服务组织，并通过合同形式约定，由其提供相应的养老服务项目，政府根据所提供的养老服务项目向其支付合理对价。

再就公办民营这种购买形式而言，政府通过协议约定，依法将其经营权以承包、租赁、委托经营、合营、参股以及出让等方式转给企业、社会组织或个人以及外资等社会经营者，社会经营者则以承包费、租金、分成等形式向主管部门上交部分经营利润，并由其按照自我经营、自负盈亏、自我发展、自我约束的原则为老年人提供养老服务。一方面，社会经营者在满足"三无"老年人、"五保"老年人及特困老年人等入住前提下，由政府给予政府补贴；另一方面，为因应养老服务业的发展需求，开始招收社会老人入住，并享受国家对养老服务业规定的有关优惠政策。事实上，这种政府出让公办养老服务机构经营权有点类似20世纪80年代以来在国际上出现的项目融资BOT模式（建设—运营—移交）。也就是说，政府通过出让公办养老服务机构一定期限的经营权、收益权来吸收民间资本投资养老服务业。社会投资者在规定的经营期限结束后，将该公办养老服务机构的产权和经营权无偿地移交给当地政府。当然，基于政府出让公办养老服务机构经营权本身的风险性及现实的不成熟性，对其的实践运用要严加规范和控制（于新循，2010）。

从三者比较来看：①公办民营的购买形式，可谓一种政府出让公办养老服务组织经营权并以经营权支付的特殊形式（当然也涉及政府补贴）。即是说，政府在这种采取产权和经营权分离的购买形式中，通过购买民办养老服务组织的运营管理以及养老服务项目，并通过调动民办养老服务组织的人力资源，对社会资源进行合理配置，在提升养老服务质量的同时又分担政府对养老服务的压力。这样一来，社会经营者不仅可以为政府分担一定责任，减轻了政府负担并促进了政事分开，而且有助于引进先进的管理方式，提高养老服务组织的服务管理水平，还可以吸引社会资金投入于养老服务设施改造和设备添置。所以，该形式代表着公办养老服务组织改革的一个方向，成为盘活存量资产、降低服务"门槛"、有效利用现有养老资源、增强资金效能、提高服务意识及服务质量的有效方式。但是同样也要注意现实中公办民营这一原本优化政府责任的改革举措被盲目推进，力避这种不当弱化政府责任的政府责任市场化所导致的"公法责任遁入私法"。例如，李蕊（2019）便冷静而审慎指出：考虑当下"公办养老机构一床难求，民营机构门前冷落"的社会现实，对于大规模转制公办养老机构成为企业或开展公建民营改革举措的推行，应当在广泛调研的基础上慎重施以权衡。②民办公助的购买形式，是通过政府补贴或补助来实现间接购买养老服务的典型形式①。在这种购买形式中，政府对养老服务组织不享有所有权，只是通过给予一定的补贴或补助（包括给予优惠政策），以此获得相应的养老服务，进而实现政府提供养老服务之目的。③服务外包的购买形式，即前述典型的直接购买服务意义上的合同制或者合同外包形式。

需要明晰的是，在2006年《国务院办公厅关于加快发展养老服务业的意见》

---

① 按照政府补贴或补助理论，民办养老服务组织在职能上可视为政府的替代物或政府的互补品，即政府通过民办养老服务组织来执行自身的部分职能。于是，政府理当采取补贴或补助、合同、贷款和贷款担保等多种形式，来对民办养老服务组织的服务供给进行资助。

关于"积极支持以公建民营、民办公助、政府补贴、购买服务等多种方式兴办养老服务业"的基本语境下，相对于购买服务直接购买养老服务形式与政府补贴的间接购买养老服务形式，与其并列表达的公建民营与民办公助这两种我国兴办养老服务业意蕴深远的重要方式，虽然本身或可体现为直接或间接购买形式，但其所指显然并非仅限于政府购买养老服务模式本身。

第二节　临近概念的判别

一、政府购买服务与政府采购

（一）本身定位

本书探讨的政府购买养老服务，本属政府购买服务中的政府购买公共服务，而政府购买服务与政府购买公共服务本身是有别的。

一是政府购买服务的服务分为两类。例如，"新办法"第9条规定："政府购买服务的内容包括政府向社会公众提供的公共服务，以及政府履职所需辅助性服务"。又如，按照《政府采购法实施条例》第2条规定，采购的服务包括"政府向社会公众提供的公共服务"和"政府自身需要的服务"。

二是一般所称的政府购买服务基本所指与主要规范就是政府购买公共服务，而政府购买政府自身需要的服务则直接属于政府采购范围。显然，政府出资购买的客体并非由市场所提供的私人服务，而是本应由政府提供的公共服务。反之，政府购买政府自身需要的服务或政府履职所需辅助性事项，则按照《政府采购法》规定执行。本来，政府采购制度主要就是为了满足政府自身正常运行的需求而设置的。值得关注的是，2018年《政府购买服务管理办法（征求意见稿）》第2条第2款便进行了如此规定，即"本办法主要规范政府购买公共服务，政府购买履职所需辅助性服务按照政府采购有关规定执行"。

三是将政府购买服务和政府购买公共服务有效区分。其实，"最简单的方法就是法律关系中是否存在受益的第三方主体"（谭朴珍，2014）。

（二）基本关系

长期以来，我国对于政府购买与政府采购关系纠缠不清，立法明显缺位，各地出台的政策文件也往往各行其是，导致实践适用中的混淆与恣意，亟待厘清、匡正。

自然，政府购买养老服务与政府采购的关系，即政府购买服务与政府采购的关系。本质上讲，前者是后者的一部分。例如，刘玉姿和刘连泰（2016）认为"政府购买公共服务是政府采购的一个更详细模式"，并强调"政府购买公共服务与政府采购的关系是政府购买公共服务立法必须逾越的一道坎"。周俊（2010）指出："在许多国家，政府购买公共服务往往被规定于政府采购法律中，属于政府采购的一种形式。"

再就政府采购本身而言，如《政府采购法》第 2 条规定："本法所称政府采购，是指各级国家机关、事业单位和团体组织，使用财政性资金采购依法制定的集中采购目录以内的或者采购限额标准以上的货物、工程和服务的行为。"显然，适用《政府采购法》的政府采购所使用的必须是财政性资金，其中包括预算资金、预算外资金和政府性基金。政府采购的内容是依法制定的《集中采购目录》以内的项目，或者虽未列入《集中采购目录》但采购金额超过了规定限额标准的项目。反之，属于政府采购限额标准以下且集中采购目录以外的政府采购项目，由采购主体按照公平、效率原则自行确定项目的承接主体（供应商）。

这其中有两处值得我们关注与借鉴。一是同样涉及并关系政府购买养老服务的现阶段公共支出问题，主要表现为：一方面是维持支出占支出的比重大。政府机构庞大，一些地方政府存在部门多、人员冗杂、办事流程复杂的情况，维持政府的日常运转需要大量的资金，挤压了本该用于公共支出部分的空间；另一方面是财政支出中有很大一部分未列入正式预算。中国的国情决定了财政支出具有特殊性，预算支出并不能真正体现出政府支出的全部情况，除了预算支出外还存在着大量的预算外资金和非制度资金（陈静，2012）。二是在政府采购限额标准方面，瑞典做法值得学习借鉴。该国对于限额标准以上的公共服务，原则上采用欧盟指令的规定，即分为公开招标程序、有限招标程序和谈判程序三种。对于限额标准以下的采购，可以采取另外三种方式，即简易程序、选择程序和直接采购程序。相对于简易程序、选择程序，直接采购程序适用于在标的金额很低或个别特殊情况下允许采购人直接向特定的供应商联系采购的情形（韩凤芹等，2015）。

（三）主要差异

比较之下，政府购买养老服务等公共服务（前者）作为政府采购（后者）的一部分，"新办法"即《政府购买服务管理办法》相对于《政府采购法》可谓特别法，受到《政府采购法》的基本约束①，主要差异如下。

1. 前者购买主体范围小于后者

前者虽然参照实施的购买主体范围较宽泛（如"新办法"第33条规定的可参照实施的购买主体就达五类之多），但最主要的还是各级行政机关。就事业单位而言，除具有行政管理职能的事业单位外，划为公益二类的事业单位或从事生产经营活动的事业单位不能作为政府购买服务的购买主体（但可作为承接主体）。后者的采购主体则直接包括国家机关、（各类）事业单位、社会团体。

2. 前者承接主体范围大于后者

前者较为宽泛的社会力量以及事业单位，包括社会组织、各类企业、事业单位以及自然人（含个体工商户）等。后者的承接主体则大多为企业组织，即便作为集中采购平台机构的事业单位也只是采购代理机构而已。

3. 前者标的范围小于后者

前者的服务本身既包括政府向社会公众提供的公共服务，也包括政府自身履职所需的辅助性服务。由于政府购买的服务以公共服务为主，因而其公共性和公益性的特性更加突出。后者范围更大，既包括服务还包括更广的货物、工程。

政府采购包括服务但又不限于此，这本身也是国际通行规则。例如，除各国

---

① 相对于"原办法"、2018年《政府购买服务管理办法（征求意见稿）》的"按照一定的方式和程序"表述，"新办法"直接于第2条中首先明确"按照政府采购方式和程序"，第7条进而规定："政府购买服务的承接主体应当符合政府采购法律、行政法规规定的条件。购买主体可以结合购买服务项目的特点规定承接主体的具体条件，但不得违反政府采购法律、行政法规。"第19条更是要求："政府购买服务项目采购环节的执行和监督管理，包括集中采购目录及标准、采购政策、采购方式和程序、信息公开、质疑投诉、失信惩戒等，按照政府采购法律、行政法规和相关制度执行。"应当说，政府购买服务依归于采购法理所应当，无可厚非。但同时值得关注的是，正由于作为基础制度的政府采购法给予政府购买服务应有的特别对待存在不少缺失或者越俎代庖，也导致政府购买养老服务等在实践中采用采购方式十分少见，实例更是有限。所以，"政府购买服务法的政府采购法化"应当引起注意。

国内法外，基于促进成员方开放政府采购市场、扩大国际贸易的需要，WTO一些成员方于1979年签署了《政府采购协议》（GPA），这是目前政府采购的主要国际法依据（我国于2007年开始启动加入GPA的谈判）。GPA2012版关于协议适用的条款中指出，政府采购是指为了政府目的而进行的"货物、服务或者它们的任意组合"的采购。类似地，联合国国际贸易法委员会《货物、工程和服务采购示范法》规定的采购"系指以任何方式获取货物、工程或服务"。从国际法来看，服务是政府采购类别中的重要组成部分，适用政府采购的相关法律法规。

4. 二者采购平台或购买平台存在差异

《政府采购法》明确规定设立统一的采购平台，所以货物、工程都在政府采购平台上，但由于公共服务是后补充进去的，以致政府部门只是根据自身特点分散购买。从中央层面上看，缺乏统一的购买运作平台。而在地方层面，购买服务整体平台也没有建立，如上海司法局委托上海市新航社区服务总站、上海市禁毒办委托上海市自强社会服务总社、上海团市委委托上海阳光社区青少年事务中心对刑满释放人员、戒毒人员、失足青年服务进行购买等。因此，有学者从制度设计与运行规范的角度建议在省级政府、地级市政府、县级政府层面设立一个统一协调的，与政府采购管理办公室平行设置并共同隶属于政府采购管理委员会的政府购买服务平台——政府购买公共服务办公室。这样，各个部门购买的数据都要进入这一平台，只是购买可由不同的政府部门实际操作，从而确保购买服务的制度化和法治化，更好满足公众对公共服务的需要（徐家良和赵挺，2013；徐家良，2016）。

5. 前者与后者购买机制存在差异

前者禁止服务转包行为，强调承接主体的全流程履约责任。对此，"新办法"第26条规定，"承接主体应当按照合同约定提供服务，不得将服务项目转包给其他主体"。对于后者，目前则没有如此严格的要求。

6. 前者与后者绩效评价（绩效评估）明显有别

前者要求严格规范的绩效评价机制，评价结果是以后年度编制政府购买服务预算（政府购买服务预算管理本身就应当规范并体现绩效理念），以及选择承接主体的重要参考依据。就后者而言,尽管政府采购绩效评价的价值同样不可或缺①,但我国还严重缺乏其绩效评价机制,甚至《政府采购法》《政府采购法实施条例》条文中竟无"绩效"二字。

7. 前者相对于后者之特殊性

政府购买养老服务涉及的不仅是政府与养老服务组织两方主体利益,还直接涉及受服务老年人的权益,并且政府购买的养老服务属于一种长期服务,同时要求养老服务组织基于特别的合同义务与法定义务来提供专业的养老服务。从根本上讲,正由于政府购买养老服务的特殊性,因而由我国《政府采购法》《政府采购法实施条例》等所构成的现行政府采购制度并不能完全适用于政府购买养老服务。

二、政府购买服务与 PPP 模式

(一) 基本关系

PPP（Public - Private Partnership）模式,即通过公平竞争、择优选择投资、建设、运营管理能力较强的社会资本与政府合作,参与公共基础设施建设并辅以公共运营服务项目的公私合作模式（这也是通常所称的狭义上的公私合作）。世界银行的定义亦然,即就提供公共产品和公共服务,政府和社会资本签订的长期合同,其中社会资本承担实质性风险和实际管理职责。在实践经验基础上,我国财政部在《关于推广运用政府和社会资本合作模式有关问题的通知》（财金〔2014〕76 号）中将其定义为"在基础设施及公共服务领域建立的一种长期合作关系"（甚至财政部还于 2016 年公布了《政府与社会资本合作法（征求意见稿）》）,这也是多数学者认同的一般定义。

对于 PPP 模式的推广运用,例如,《国务院办公厅转发财政部发展改革委人民银行关于在公共服务领域推广政府和社会资本合作模式指导意见的通知》（国办发〔2015〕42 号）要求:"在能源、交通运输、水利、环境保护、农业、林

---

① 政府采购与政府购买服务的绩效所体现的是政府投入与产出之间的对比关系。绩效评价即绩效管理,是从整体上对其进行综合评价,既要对二者资金效率进行评价,又要对二者质量效果进行评价。显然,在绩效评价的共同性方面,政府采购与政府购买服务的支出作为财政支出的重要组成部分,其绩效评价情况与整体上的财政支出绩效评价密不可分,不可或缺。

业、科技、保障性安居工程、医疗、卫生、养老、教育、文化等公共服务领域，鼓励采用政府和社会资本合作模式，吸引社会资本参与。"又如，《财政部关于在公共服务领域深入推进政府和社会资本合作工作的通知》（财金〔2016〕90号）要求："在中央财政给予支持的公共服务领域，可根据行业特点和成熟度，探索开展两个'强制'试点。在垃圾处理、污水处理等公共服务领域，项目一般有现金流，市场化程度较高，PPP模式运用较为广泛，操作相对成熟，各地新建项目要'强制'应用PPP模式，中央财政将逐步减少并取消专项建设资金补助。在其他中央财政给予支持的公共服务领域，对于有现金流、具备运营条件的项目，要'强制'实施PPP模式识别论证，鼓励尝试运用PPP模式，注重项目运营，提高公共服务质量。"再如，《国家发展改革委关于切实做好传统基础设施领域政府和社会资本合作有关工作的通知》（发改投资〔2016〕1744号）载明，各地发展改革部门要会同有关行业主管部门等切实做好能源、交通运输、水利、环境保护、农业、林业以及重大市政工程等基础设施领域的PPP推进工作。

值得特别关注的是，《财政部民政部人力资源社会保障部关于运用政府和社会资本合作模式支持养老服务业发展的实施意见》（财金〔2017〕86号）就明确"鼓励运用政府和社会资本合作（PPP）模式推进养老服务业供给侧结构性改革，加快养老服务业培育与发展，形成多层次、多渠道、多样化的养老服务市场，推动老龄事业发展"。

显然，PPP模式与政府购买养老服务等公共服务一样，二者本身就是基于市场朝向，政府动员社会力量提供公共服务、开展与社会资本进行合作而应运而生的主要方式。甚至可以作此判断，即PPP合作模式以政府购买服务方式进行，无论是名义上还是政府采购的方式上，都隐含着属于政府购买服务的大范畴，有政府购买服务政策的延伸之意①。从根本上讲，就政府采购与政府购买服务、PPP模式的三者关系而论，政府采购是一个总括性概念，它包含了政府购买服务，而政府购买服务又延伸包含了PPP模式，但并非所有的政府购买服务都可以采取

---

① 应当说，对于二者关系的这一判断是十分到位的，值得高度肯定。具体详见《政府购买服务和PPP模式的区别与联系》，中国政府采购网，http://www.ccgp.gov.cn/gpsr/lltt/201704/t20170407_8086079.htm。

PPP 模式，因而它们之间也称得上是一种交错关系①。

（二）主要差异

根本而言，政府购买服务（前者）所凸显的是政府与社会组织之间立足公共性和公益性、契合经济效益与社会效益的政社合作关系；而归于政府购买范畴并又延伸的 PPP 模式（后者）所凸显的则是政府与社会资本之间利益共享、风险分担、长期合作的政企合作关系。二者主要差异具体如下。

1. 前者主体范围大于后者

一方面，前者包括参照实施的购买主体范围较为宽泛，不仅本身包括各级行政机关，而且参照实施的承担行政职能的事业单位、使用行政编制的群团组织机关等购买主体范围也极为宽泛，如"新办法"第 33 条规定的可参照实施的购买主体就达五类之多。后者的政府主体则主要限于各级行政机关、事业单位，而如群团组织机关等因代表不了政府不是适合的实施主体②。另一方面，前者的承接主体较为宽泛、包括且不限于各类企业的社会力量。后者的合作主体则限于拥有投资、建设、运营管理较强能力的社会资本的企业（地方国企与央企、民营企业一起构成我国社会资本的主力军）。所以说，前者所凸显的是政社合作关系，后者所凸显的则是政企合作关系。

2. 前者与后者标的存在差异

前者购买的标的限于属于政府职责范围且适合通过市场化方式由社会力量承担的公共服务，偏重涉及金额往往较小的智力服务与劳力服务。后者的标的则以公共产品为主、公共服务为辅，也就是偏重涉及金额一般较大的公共基础设施建设以及辅助性的公共运营服务。

---

① 对于政府采购与 PPP 模式关系，财政部于 2014 年发布实施的《政府和社会资本合作项目政府采购管理办法》（财库〔2014〕215 号），即将政府和社会资本合作项目（PPP 项目）纳入政府采购范畴。对于政府购买与 PPP 模式，二者都是按照《政府采购法》的规定，采用公开招标、邀请招标、竞争性谈判、单一来源采购、询价等采购方式（但 PPP 模式因一般涉及金额巨大而往往不采用单一来源采购和询价方式）。

② 例如，《政府和社会资本合作模式操作指南》（财金〔2014〕113 号）规定："县级（含）以上地方人民政府可建立专门协调机制，主要负责项目评审、组织协调和检查督导等工作，实现简化审批流程、提高工作效率的目的。政府或其指定的有关职能部门或事业单位可作为项目实施机构，负责项目准备、采购、监管和移交等工作。"

3. 前者与后者发展模式存在差异

前者模式主要存在合同制、委托制、补贴或补助制，也就是通过合同外包、项目申请、直接补贴或补助等多种途径加以推进。后者也不是一种固定模式，从世界银行对PPP的分类来看，主要包括外包类、特许经营类和私有化类。

4. 前者与后者预算安排及债务承担存在差异

一方面，前者坚持先预算后购买原则①；后者的开展则是"将合同中符合预算管理要求的下一年度财政资金收支纳入预算管理"，即不要求先有预算②。另一方面，如有文章指出：前者所需资金进行政府短期财政预算安排，属于政府债务范畴；后者所需资金进行中长期财政预算安排，具有长期性，在产品未完成之前属社会资本风险，不属于政府债务范畴③。值得注意的是，正由于PPP模式不属于政府债务范畴，自2014年国务院下发《关于加强地方政府性债务管理的意见》（国发〔2014〕43号）之后，地方政府平台公司融资、传统BOT模式受到了严格限制，国内开始全面推广使用PPP模式。

5. 前者与后者适用范围、管理工具及工作流程存在差异

前者受政府购买服务指导性目录限制并依靠其实施管理，流程相对简单④。就后者而言，一方面不受政府购买服务指导性目录的限制，可适用范围更广——特别如财政部于2017年6月专门下发《关于坚决制止地方以政府购买服务名义违法违规融资的通知》（以下简称"87号文"）以及"新办法"纳入负面清单的政府购买服务禁止事项（第10条），可以采取PPP模式实施。另一方面，主要

---

① "新办法"第3条首先提出"预算约束原则"，第14条进而规定："纳入政府购买服务指导性目录的服务事项，已安排预算的，可以实施政府购买服务。"第16条还规定："政府购买服务项目所需资金应当在相关部门预算中统筹安排，并与中期财政规划相衔接，未列入预算的项目不得实施。"

② 例如，《政府和社会资本合作项目财政管理暂行办法》（财金〔2016〕92号）第19条规定："本级人民政府同意纳入中期财政规划的PPP项目，由行业主管部门按照预算编制程序和要求，将合同中符合预算管理要求的下一年度财政资金收支纳入预算管理，报请财政部门审核后纳入预算草案，经本级政府同意后报本级人民代表大会审议。"

③ 该文将政府债务范畴的政府购买服务与不属于政府债务范畴的PPP模式区别开来，其理论价值与现实意义皆为重要。具体详见《政府购买服务和PPP模式的区别与联系》，中国政府采购网，http://www.ccgp.gov.cn/gpsr/lltt/201704/t20170407_8086079.htm。

④ 固然，政府购买服务较PPP模式下的流程相对简单，但我国仍缺乏规范统一的流程，有待改进。也因此，针对国内缺乏规范统一的政府购买服务流程，建议诸如2017年出台的《成都市政府购买服务工作规程》等那样，由各级财政部门通过制定相应具体的《政府购买服务工作规程》来完善其全流程运行机制。

依靠财政部政府和社会资本合作综合信息平台管理，且流程更长而复杂，必须制定政府和社会资本合作模式操作指南并严格执行①。

6. 前者与后者回报来源存在差异

就项目资金的来源方式而言，前者全部是由政府付费，而后者中有可能是政府付费，也有可能是最终消费用户直接付费。例如，《关于印发政府和社会资本合作模式操作指南（试行）的通知》（财金〔2014〕113号）规定："项目回报机制主要说明社会资本取得投资回报的资金来源，包括使用者付费、可行性缺口补助和政府付费等支付方式。"所以说，政府付费作为PPP体系中的一个名词，也只是我国PPP项目回报机制中的一种支付方式而已。

需要指出的是，"87号文"禁止的是不规范的政府购买服务，与以政府付费为回报机制的PPP不应混为一谈。也就是说，"87号文"并未禁止政府付费的PPP项目，采用政府付费回报机制的PPP项目亦不属于"87号文"规定的调整对象。

7. 前者与后者各行其道、和而不同、规范共进

概言之，恰如北京君合律师事务所合伙人、发改委特许经营法立法专家刘世坚在《当"PPP"遭遇"政府购买服务"》一文中所指出的，"扩大化、泛滥化的政府购买服务大有取代PPP之势，成为披着PPP合法外衣的变相融资，应当区分政府购买服务与PPP之间的关系，不是所有的政府购买服务都可以采取PPP模式"（刘世坚，2016）。王龙兴（2017）概括并期待道：政府购买服务与PPP模式在适用范围、实施主体、实施程序、是否必须先有预算、回报来源上均不相同，二者是不同的概念，不能混淆。"87号文"调整和规范的对象是政府购买服务，而非PPP模式。由于"87号文"杜绝了不规范的政府购买服务行为，所以将给PPP发展带来更好的前景，也更有利于PPP模式的规范操作和良性发展。

另外值得强调的是，2016年财政部下发《关于组织开展第三批政府和社会资本合作示范项目申报筛选工作的通知》（财金函〔2016〕47号），再次强调扎

---

① 例如，《财政部政府和社会资本合作模式操作指南》（财金〔2014〕113号）载明那样，"PPP模式下，必须经过物有所值评价、财政承受能力论证、实施方案审批、资格预审等程序才能进入采购阶段"。

实推进 PPP 项目示范工作，助推更多项目落地实施，充分发挥 PPP 在稳增长、促改革、调结构、惠民生等方面的积极作用。事实上，规范操作和良性发展的 PPP 模式也是解决我国当前养老服务机构建设问题的有效方式，因而有必要积极引入并期待促成更多 PPP 项目在政府购买养老服务建设中的实际落地。

三、政府购买服务与民营化、公私合作

在西方国家，与政府购买服务相对应的概念还有民营化、合同外包、公私合作等。兹因语境不同，当我们进行民营化这一基本前提与现实背景下的公私合作、政府采购、政府购买服务、PPP 及特许经营等语词表达与相应探讨时，其间的丰富蕴意也可能导致所指宽窄不一、彼此所属不同，故作基本厘清①。

（一）关于民营化

在 20 世纪 70 年代末的全球性公共行政改革运动中，民营化应运而生。何谓民营化，萨瓦斯（2002）在《民营化与公私部门的伙伴关系》一书中认为"民营化的本质，即是在政府等公共部门和个体组织间创建一种合作伙伴的关系"。或者说，"作为一项国际化潮流的民营化，就是通过一系列化公为私、公私合作方式，借以引入竞争机制，提高管理效率和服务质量，从而达到更好的社会治理效果的一种治理方式"（王丛虎，2013）。进而，国内学者李蕊（2019）认为"民营化在学理上缺乏统一的概念，泛指原来由公部门执行的行政任务转移到私部门的过程，是一种渐进式的发展历程"，并且"这个民营化过程并不是政府放权弃责'归隐山林'，而是积极履职尽责"（陈思融和章贵桥，2013）。所以说，"民营化是一种手段而不是目的，目的是更好的政府，更美好的社会"（萨瓦斯，2002）。

在以美国为首的许多国家，政府购买服务成为了民营化的常用工具，甚至是民营化的代言。美国的民营化一般分为政府委托（Delegation）、政府撤资（Divestment）、政府淡出（Displacement）三种类型，政府委托又包括合同外包（Contracting Out）、特许经营（Franchise）、提供补助（Grant）、抵用券（Vouch-

---

① 有必要首先明确的是，这些临近概念本来就有狭义与广义之分。我们认为，广义上这些概念之间的包含关系可大致表述为民营化≥公私合作＞政府采购＞政府购买服务＞PPP（狭义公私合作）＞特许经营。至于狭义上的其间关系则较为复杂甚至或为相反。

er)、强制（Mandate）五种。其中，合同外包与我国的政府购买服务的含义最为接近（常江，2014）①。

当然，对于民营化中不可忽视的逆民营化这一民营化危机也要理性对待。相对于民营化是公共服务提供由公共部门向私营部门运动而言，逆民营化就是公共服务由私营部门返回公共部门的过程。自20世纪80年代以来，民营化在新自由主义浪潮下席卷全球，但经历了20世纪90年代的发展高峰后开始转型，逆民营化的兴起开始成为世界民营化发展的新取向。就逆民营化下的逆向合同外包而言，逆向合同外包（Reverse Contracting）又称政府收回外包或政府回购服务，指政府将以前外包的公共服务收回而重新由政府提供，是逆民营化最重要的形式。

对此，学者杨安华（2009，2010）可谓高屋建瓴地揭示道："①民营化不是通向市场的单行道，而是动态发展的；②民营化并非最有效的治理工具，只不过是众多治理工具中的一种而已，而且并不一定总是有效的；③公共服务的市场化提供远不是政府的撤退，相反，要求政府强化市场建设与管理，加强自身能力建设；④政府职能可能并非像奥斯本和盖布勒等所认为的那样只是掌舵而不划桨，而是做优秀船长能做的任何事情，他们既掌舵又划桨。"而如此深刻之言，其实是该学者特就逆向合同外包对我国的启示。他认为逆向合同外包的兴起既是由于新自由主义理论根基受到动摇，反映了西方国家由第一轮新公共管理改革向重新强调中央权力的第二轮改革转变的时代背景，也与民营化难以带来成本节省、服务质量下降、合同实施困难以及公共行政理论的转换等因素直接相关。因此，杨安华建议超越市场与计划的二元对立模式，走出视合同外包为一种单向市场过程的传统思维，更多地关注合同外包与逆向承包的动态发展，关注一种务实的、动态的、市场与政府混合的公共服务提供方式的发展。

（二）关于公私合作

1. 相较于公私合作

就伴生于民营化的公私合作而言，在其宽泛意义上的广义使用时，只要是政府与私人的长期合作关系都可以纳入公私合作范畴，政府购买服务作为一种公私

---

① 并有学者就此指出：萨瓦斯将民营化概括为政府委托、政府撤资和政府淡出三大类型，在这种可谓广义民营化的定义下，政府购买公共服务被认为是民营化的一种类型。参见谭朴珍：《政府购买公共服务的行政法治化研究》，华东政法大学2014年博士学位论文。

合作当然也不例外。也因此，政府购买服务中的购买并不是简单"一手交钱一手交货"式的商品交易，而是一种持久的合作关系。不过，我国更多实践所用的公私合作即如政府购买服务与PPP模式中的狭义所指，亦即政府购买服务延伸包含了限于基础设施与建设工程领域的PPP模式意义上的狭义公私合作（当然，其间亦可称作一种交错关系）①。

从国外来看，相对于民营化中以合同外包（Contracting Out）为主、公私合作（PPP）为辅，并以竞争选择程序为主、非竞争选择程序为辅的美国模式，新西兰采取了一种几乎全部公共服务都以合同外包等方式交给私营企业的激进的民营化模式。至于英国，则更突出于公私合作模式，即政府不出资，主要应用于基础设施建设领域并以特许经营、提供优惠政策等方式，通过招标让私营机构参与项目建设或提供公共服务的多种模式，如BOT（建设—运营—移交）、BTO（建设—移交—运营）、LBO（租赁—建设—运营）、BOO（建设—拥有—运营）、BBO（购买—建设—运营）、TOT（移交—运营—移交），等等。

当然，针对我国公私合作所存在的一些突出问题，亟待因应改观。例如，林芳（2017）立足行政法建议道：一是通过行政契约理念与正当程序"民营化"来树立新的行政法理念；二是通过确立私主体行政主体法律地位、设立私主体选择程序以及专门的PPP项目单位等来完善基本制度构建；三是通过政府对公私合作进行监督和担保来健全监管机制；四是通过建立行政司法纠纷解决机制、明确救济途径、建立行政公益诉讼制度等来建立健全纠纷解决机制。虽然这有所囿于行政法的部门法偏狭，但显然较为系统并有一定价值。

2. 相较于特许经营

世界银行对公私合作的PPP模式分类主要包括外包类、特许经营类和私有化类。就政府购买服务与其中的公共服务特许经营而言，二者存在很大差别。一是

---

① 例如，依"原办法"第19条"购买主体应当与承接主体签订合同，并可根据服务项目的需求特点，采取购买、委托、租赁、特许经营、战略合作等形式"规定，二者之如上关系尽然（或可称为狭义公私合作）。但因语境不同，二者之间的关系表达又可能是相反的（如此之下则可称为广义的公私合作）。广义上，如有学者将实践中的公私合作类型分为四大类，即行政委托、公私合营、公共建设参与和公私合作管制。参见詹镇荣：《民营化法与管制革新》，台北：元照出版有限公司，2005年。并有研究者认为，实务中的公私合作模式具有多样性，不仅包括特许经营，还包括行政委托、公私合营和政府购买服务等模式。参见林芳：《公私合作行政法规制研究》，安徽财经大学2017年硕士学位论文。

该特许经营是指政府不需要财政出资向服务提供者购买服务，而是规定一个时期，将公共服务的供给、经营权交给服务提供者特许运作，服务提供者本身拥有投资收益权，特许期满后，政府收回经营权。二是我国公共服务特许经营作为一种典型的 PPP 模式，只是政府和社会资本合作多种形式中的一个模式而已。三是虽然在特许经营过程中也需要签订相关的合同，特许经营协议或是 PPP 项目协议，但这样的一份合同性质更多的是一份行政许可，此乃区别于政府购买服务的最大之处。

再就我国 2015 年《基础设施和公用事业特许经营管理办法》所涉及的特许经营具体模式而言，该办法明确了 BOT（建设—运营—移交）、ROT（重建—运营—移交）、BOOT（建设—拥有—运营—移交）、ROOT（重建—拥有—运营—移交）、BTO（建设—移交—运营）、RTO（重建—移交—运营）等模式，更明晰了特许经营者对项目资产的权属。例如，该办法第 5 条规定："基础设施和公用事业特许经营可以采取以下方式：（一）在一定期限内，政府授予特许经营者投资新建或改扩建、运营基础设施和公用事业，期限届满移交政府；（二）在一定期限内，政府授予特许经营者投资新建或改扩建、拥有并运营基础设施和公用事业，期限届满移交政府；（三）特许经营者投资新建或改扩建基础设施和公用事业并移交政府后，由政府授予其在一定期限内运营；（四）国家规定的其他方式。"

第三章 政府购买养老服务的理论基础

第一节 人权保障理论

一、应有之义

人权,即人之作为人所应享有、人皆有之的基本权利,是公民应当享有的赖以生存所必需的、基本的、不可剥夺的普适性权利①。现代法学研究的重要理论之一就是人权理论,而"保障人权是现代法律的根本目的,'以人为本'应成为现代法律的根本价值准则"(李步云,2010)。保障公民人权乃政府应承担的最主要义务,如郭道晖(2009)对于人权义务主体的关键解读即"人权保障的义务主体是国家"。事实上,对公民人权保障的程度也标志着一个国家政府的优劣以及国家文明发展的程度。

就政府购买养老服务而言,政府之所以要向接受养老服务的公民提供服务,是因为政府有义务保障公民的社会权。根据宪法和法律的规定,公民享有社会权及其他一系列基本权利,其中的社会权又称生存权或受益权,指公民从社会获得

---

① 人权乃人之作为人所享有的权利,本身包括道德权利与法定权利,此与应然法和实然法的区分是相适应的。其中,法定权利又包含宪法权利与法律权利(二者还可进而体现为政治权利、社会权利和民事权利等)。但人权本质上是道德权利,或者以道德为载体,其所体现的是人类共同体对其同类身份的一种尊重,并不依赖国家的法律而存在,即便法律剥夺公民权利也不可剥夺人权。而就其中的人权与公民权利(公民权利也可分为宪法权利上的公民的基本权利和其他法律权利)的关系而言,这与道德权利与法定权利的关系同理。

基本生活条件的权利，并且不同于传统的公民自由权。至于自由权与社会权的区别，也可以说相当于自由和权利的区别，只是内容更加明确而已。张千帆（2004）就此指出："对于公民的社会权来说，国家不仅负有消极的不侵犯公民社会权的义务，而且负有积极推进公民社会权得以实现的义务。"

正因为处于社会弱势地位的公民迫切需要国家给予帮助来维护其基本生存权和其他权利，社会权便应运而生。无疑，属于人权范畴并归于社会权下的养老权，本就是每个人应当享有并受保障的基本权利之一（刘灵芝，2007）。所以，政府向社会提供养老服务便是保障老年人人权的必然要求与具体体现。也因此，当个体因年老导致生理机能退化或丧失而面临生命权和生存权等底线性人权危机，仅靠自身或家庭供养无法实现时，政府就应当依法承担起为那些生活无法自理且无能力购买养老服务的高龄、失能半失能的老年人供给养老服务的重要责任，保障其养老权，以此实现老有所养并至老有善养。

二、具体彰显

人权保障是近现代法学发展与法律进步的理论基础。应该说，政府购买养老服务所依托的人权保障理论，在国际上以及我国《宪法》《老年人权益保障法》等基本人权法中都得到了充分彰显，诸如：①根据国际人权公约①《公民权利与政治权利国际公约》第6条以及《经济社会文化权利国际公约》第9条之规定，人权不仅包括生命权，而且还包括（养老权等）社会保障权，所以老年人也应该有相应的权利。②我国《宪法》第45条规定："中华人民共和国公民在年老、疾病或者丧失劳动能力的情况下，有从国家和社会获得物质帮助的权利。国家发展为公民享受这些权利所需要的社会保险、社会救济和医疗卫生事业。"③《老年人权益保障法》第3条规定："国家保障老年人依法享有的权益。老年人有从国家和社会获得物质帮助的权利，有享受社会服务和社会优待的权利，有参与社

---

① 1976年1月3日生效的《经济、社会及文化权利国际公约》（通称A公约，中国2001年加入）和1976年3月23日生效的《公民权利和政治权利国际公约》（通称为B公约，中国政府1998年签署，不过还没有履行人大批准程序），统称人权两公约，其与1948年12月10日第三届联合国大会通过的《世界人权宣言》（联合国大会将每年的12月10日定为世界人权日，中国1998年政府签署）合称国际人权宪章，它们是国际人权领域最重要的文件。

会发展和共享发展成果的权利。"④2016年国务院新闻办公室发布的《国家人权行动计划（2016—2020年）》明确提出"到2020年全面放开养老服务市场，通过购买服务、股权合作等方式支持各类市场主体增加养老服务和产品供给"，此即人权保障要求在政府购买养老服务领域的具体再现。

第二节 委托—代理理论

一、主要观点

20世纪30年代，随着工业化下的社会分工不断细化与专业化，具有专业知识和管理经验的专业人员大量出现，由其代为行使企业经营权也自然而然成为企业发展的趋势，企业的所有权和经营权分离随之成为一种社会潮流，委托—代理关系逐渐形成。

美国经济学家伯利和米恩斯通过对私营部门的研究后，就此提出了所有权和经营权分离的委托—代理理论，即"两类行为主体，通过契约的方式达成合意，一方授权另一方从事某项行为，而由前者支付费用"（王树文，2013）。美国学者凯特尔所著的《权力共享——公共治理与私人市场》一书最大贡献就是将委托—代理理论具体应用于合同外包。储亚萍（2010）就此总结道：凯特尔既不赞成也不反对民营化，他以最常见的民营化形式——合同承包为切入点，深入分析美国政府的合同承包中所存在的各种问题，认为合同制的核心在于政府要提高合同管理能力，做精明的买主。反之，"要是政府不知道该买什么，从哪里买，以及如何评价购买的公共服务，政府就不是一个精明的买家，那么购买的公共服务将不能发挥作用"（萨瓦斯，2002）。

概言之，委托—代理理论的主要观点在于：在有限理性和信息非对称性的基本假设前提下，基于作为委托人的政府的有限理性，因其自身在人力、物力、财力等方面的局限而将生产公共服务的权利委托给往往资质较高并拥有较多信息优势的代理人，同时作为代理人的社会力量在缺乏有效合同约束下又会利用自己的信息优势为自己谋取利益而损害委托人利益,因此,要对代理人进行必要激励与有效约束,从而完成委托人的任务。

二、现实应用

委托—代理理论原本是制度经济学的研究方向,如今已经广泛应用于社会、政治、文化等活动中,包括应用于政府购买养老服务等公共服务中。如此一来,政府通过与社会力量签订购买合同,不仅改变了政府垄断公共服务供给的低效模式,也满足了社会公众多样化的公共服务需求。

随着养老服务需求的多层化、多元化与复杂化,各主体之间的关系由封闭与分散向互动与合作转变。通过对政府购买养老服务加以分析即可发现,在购买主体的政府、承接主体的养老服务组织、服务对象的受服务老年人三大主体之间存在着双重委托—代理关系:第一层是政府作为委托人与养老服务组织作为代理人之间的委托—代理关系①。如此之下,由政府委托养老服务组织提供优质的养老服务,并通过与其签订购买合同得以极大改变原先政府垄断公共服务供给的低效模式。第二层是受服务老年人作为委托人与政府作为代理人之间的委托—代理关系。甚至可以说,"形成了'老年人—政府—企业—非营利组织'之间多重委托—代理关系链条"(吉鹏,2013)。如此之下,通过受服务老年人委托政府从养老服务组织购买高质量的养老服务,便能极大满足社会公众多样化的养老服务需求。

显然,基于委托—代理理论,如果政府不与养老服务组织合作,便不能借助社会组织的力量来提供快速高效的养老服务,社会组织亦不能通过此途径来提高社会声誉和获得政府强有力的支持,此时委托—代理关系便无立锥之地。反之,为了实现各自利益最大化,双方则会积极进行合作。一方面是在政府本身有限下却得以更好履职,另一方面则是养老服务组织得以在各种资源上得到政府强有力

---

① 值得注意的是,这一委托—代理关系又完全不同于经济活动中的委托—代理关系。经济活动中的委托—代理绩效评价的金指标是经济效益,但在公共服务供给过程中服务效果却不易量化呈现,且社会组织履行代理职责的过程需要委托方政府的全面支持。也就是说,代理方实现绩效不完全取决于代理方的态度与能力,其与政府支持关系甚密。参见李娟、丁良超:《从政府购买养老服务看政府与社会组织的协同关系》,《理论探索》2019年第2期。

的帮助与支持。如此一来，便相得益彰地在二者之间形成了良好的委托—代理关系。

所以，委托—代理理论构成了政府购买养老服务的重要基础，并使委托人、代理人得以在购买合同"约法三章"约束下更好地承担起自己的责任。当然，这一理论也侧重表明：如何规制政府的行为，明确政府在购买公共服务中的职责所在，应当是其中的首要任务。

第三节 新公共服务理论

一、理论原本

总结国外政府购买服务的实践经历，其理论依据可谓经历了新公共管理到新公共服务，到公民社会理念，再到第三条道路三个时期（张汝立和陈书洁，2010）。其中，新公共管理理论与新公共服务理论这两个先后阶段值得特别关注。

新公共管理理论兴起于 20 世纪 70 年代新公共管理运动——重塑政府运动、企业家政府、民营化等都是对这场运动的称谓。其中代表人物是奥斯特罗姆教授（其夫人即著名的埃莉诺·奥斯特罗姆），以他为主的一些学者将新公共管理方式称作"哥白尼式革命"。

自 20 世纪 70 年代开始，西方主要资本主义国家普遍难负以"从摇篮到坟墓"为主要特征的福利国家运作模式，政府失灵，民怨载道。在纷纷陷入的一系列政府危机、经济危机、社会危机的迫切要求下，为摆脱所陷困境而改革传统的官僚体制，新公共管理运动拉开帷幕。受此影响，越来越多的国家纷纷着手改革和调整高福利的社会保障体系，通过引入市场机制，利用社会力量实现了由"划桨者"向"掌舵者"的政府角色转变。该运动最先在英国拉开帷幕，英国通过引入市场机制将国有企业私有化，运用外包的形式将公共服务交给社会，使得政府管理成本下降，政府管理效率大幅度上升。这股浪潮随后席卷了西方乃至整个世界，如美国、新西兰、澳大利亚等发达国家纷纷效仿，掀起了如著名政治学家和公共行政学家、澳大利亚休斯教授所言的政府改革运动——"以市场为基础的、灵活的、提供回应性服务的企业化政府管理方式逐步取代旧的、僵化的、科层制官僚体制的政府管理方式"。

概言之，新公共管理理论凸显于效益为主要价值取向、建立以企业式和顾客导向式政府、引入市场机制等核心理念（杨明伟，2005），以及改革政府内部管理机制、突出政府公共职能、以市场化模式来运作公共服务等核心内容。之后，生成于此并为国际著名公共行政学家登哈特所倡导的新公共服务理论渐成体系。

就新公共服务理论而言，其实就是在对传统公共行政学理论和新公共管理理论（特别是对其企业家政府理论）进行反思、批判和扬弃的基础上提出和建立的，因而被认为是新公共管理理论的替代理论。作为这一理论的思想来源和概念基础，登哈特将学者及实践者们对于新公共管理提出的替代性观点进行了总结，并在公民权理论、社区与公民社会理论、组织人本主义和新公共行政以及后现代公共行政理论（丁煌，2004）的研究基础上，提出了新公共服务理论。

该理论特别之处在于：更倾向于政府的服务职能，极为重视公民权和公共利益，尤其是提出了政府与公民关系新定位——将公民置于首位，强调政府对公民的服务，并将政府权力授予公民，显示其作为政府治理重要工具的优越性①。

完全可以说，新公共服务理论作为我国政府购买养老服务等公共服务实践的理论基础，为政府转变职能、转变公共服务供给方式提供了强有力的理论依据，打破了政府作为单一主体垄断公共服务供给的模式，开启了一种新的供给模式。

二、理性对待

一个被时常混淆但却有必要明晰的问题是，新公共管理理论的首要原则是"掌舵而不是划桨"。正如萨瓦斯（2002）所言，"'政府'这个词根来自希腊文，意思即'操舵'，政府的职责是掌舵而不是划桨。直接提供服务就是划桨，可政府不擅长划桨"。而与其针锋相对的，新公共服务理论最具代表性的质疑便是登

---

① 有关新公共服务理论优越性的具体分析，可参见杨政昌：《新公共服务理论及其在当代中国的适用性分析》，《前沿》2008年第5期。

哈特夫妇①的"当我们急于掌舵时，我们是否正在淡忘谁拥有这条船？"，并进而认为政府所应承担的职能就是"服务而不是掌舵"。应当说，这是新公共服务理论在现代服务型政府定位上更加准确的理性对待。事实上，包括我国在内的大多数国家的行政学、行政法学也正进行着从管理论向服务论为目标的现代行政学、行政法学转变②。

当然，我们对于二者也要理性对待。如有学者可谓鞭辟入里地指出：新公共管理理论确实存在许多"软肋"，特别是企业家政府理论，但同时新公共服务理论在实践上也并不能与新公共管理理论相提并论。其实，二者之争是新公共管理理论所关注的工具理性与新公共服务理论所关注的价值理性之间的差异，因而提出了对二者应以"真诚的目光"理性看待这块"透明玻璃的两面"的整合观点（于伟，2007）。但不管怎样，政府与市场关系的关键，即在于"相互不缺位、不错位、不越位以及市场发育成熟后的政府理性回归"（刘源，2013）。

如前之言，现代政府应当成为养老服务的需求表达者、服务购买者、过程监管者、制度供给者及市场引导者。但在传统的公共行政模式下，政府职能不断扩张，负责"划桨"的成分多于"掌舵"，甚至有时候"既掌舵又划桨"，政府越位现象明显。

其实，对于传统的"既掌舵又划桨"也应持以理性的扬弃态度才是。如有学者就逆向合同外包对我国的启示而特别指出：政府职能可能并非像被誉为"政府再造大师"的奥斯本和盖布勒等所认为的那样只是"掌舵而不是划桨"，而是做优秀船长能做的任何事情——"既掌舵又划桨"。自奥斯本和盖布勒1992年的

---

① 登哈特夫妇在合著的《新公共服务：服务而不是掌舵》一文中将新公共服务进行了七个方面概括（集中体现于否定新公共管理理论的企业家政府理论），首先即是服务而非掌舵。其他六个方面还包括：公共利益是目标而非副产品；战略地思考，民主地行动；服务于公民而不是顾客；责任并不是单一的；重视人而不是生产率；超越企业家身份，重视公民权和公共服务。参见［美］罗伯特·丹哈特、珍妮特·丹哈特、刘俊生：《新公共服务：服务而不是掌舵》，《中国行政管理》2002年第10期。至于更加完整与详尽的阐述，可参见具有里程碑意义的公共行政学专著——［美］珍妮特·登哈特、罗伯特·登哈特：《新公共服务：服务，而不是掌舵》（第三版），丁煌译，北京：中国人民大学出版社，2016年。

② 追溯而言，德国行政法学者福斯多夫最早提出"生存照顾"一词，开启了现代服务行政理论，将提供为人们生活所必要的条件和给付确定为行政的任务。参见陈新民：《"服务行政"及"生存照顾"概念的原始面貌——谈福斯多夫的"当作服务主体的行政"》，载陈新民：《民法学札记》，北京：中国政法大学出版社，2001年。

畅销书《改革政府——企业精神如何改革着公营部门》出版以来，政府在职能上"掌舵而不是划桨"成为对世界各国政府产生深远影响的经典语录。而从该书出版20多年来的政府改革与民营化的实践发展看，政府只是"掌舵"远远不够，如合同外包就不能一包了之，政府必须坚持全过程的监管和动态的调整，合同外包的成功离不开政府在合同制定招标与遴选、绩效监督、风险防范与决策评估等每一个环节的细心工作（杨安华，2010）。

就我国而言，长期以来政府作为单一主体直接生产并供给公共服务，"既是掌舵者又是划桨者""既当运动员又当裁判员"，传统的政府垄断公共服务供给模式即政府直接向公众供给公共服务的二元模式早已显露弊端，导致公共服务供给低效率和低质量，再加上社会组织和公民社会才逐步发育，亟须改变这种落后的公共服务供给方式。当然，"我国公共服务的提供已经从封闭自持的系统，发展为对外依赖的开放系统"（敬义嘉，2007），政府购买养老服务等公共服务已是现实下的必然选择。

当今，在新公共服务理论指导以及全国范围大力推行下，政府上下正从包揽型模式向管理型模式及服务型模式的积极转变，政府购买养老服务等公共服务建设也已是成效斐然。但尽管如此，还应在强调公民权、畅通表达渠道、加强制度化建设特别是法治化等方面进一步着力，从而达致如2014年《财政部等关于做好政府购买养老服务工作的通知》所直接明确的"到2020年我国将基本建立起比较完善的政府购买养老服务制度"这一令人期待的发展目标。

第四节　福利多元主义理论

一、理论重点

福利多元主义理论，有时也称混合福利经济，作为产生于20世纪80年代的理论范式，是在当时西方国家"政府失灵"和"从摇篮到坟墓"福利国家危机背景下以及对福利国家批判中面世的。该理论主张社会福利来源的多元化，不能单纯依靠国家，要实现社会多部门供给，否则将难以为继。于是，从一开始强调家庭责任到后来提出国家单独责任，再到后来出现社会责任说，最终形成了获得普遍认同的国家、社会和家庭共同责任说。

福利多元主义的概念使用最早源于1978年英国《沃尔芬德的志愿组织的未来报告》。有学者研究指出：沃尔芬德报告主张把志愿组织也纳入社会福利提供者行列，将福利多元主义运用于英国社会政策的实践。然而，对福利多元主义有明确论述的应该是主张福利是全社会产物并强调国家以外其他社会部门在福利方面重要作用的罗斯，他在《相同的目标、不同的角色——国家对福利多元组合的贡献》一文中详细剖析了福利多元主义的概念，指出家庭、市场和国家都有责任为社会提供福利（彭华民和黄叶青，2006）。当然，之后很多学者又对这一理论进行了补充和完善。

值得注意的是，除了福利多元主义，一些新的代替福利国家的概念也被提出，如新福利国家、新混合福利经济、志愿福利国家、新工业福利国家、助人自助国家、福利国家私有化、公私部门合作、福利社会、组合主义的福利国家、市场社会主义等（林万忆，1994）。不过，"所有这些批评和概念都有一个共同的特点，就是主张引入非政府力量来弥补政府部门的缺陷，反对过分强调国家在福利提供中的作用，提升其他部门的福利提供功能，发展一种多元的、混合的福利制度"（彭华民和黄叶青，2006）。并且，人们也常常"把多主体合作治理原则用于社会福利供给的机制称为社会福利治理"，有必要"构建多元主义福利供给机制，重新定位政府的社会福利责任"（雷雨若和王浦劬，2016）。也因而可以说，福利多元主义理论亦与后述之多中心治理理论共生异曲同工之妙。

可以说，"福利多元主义是在西方福利国家遭遇危机以后，对传统福利模式进行改革的一种替代方案"（王家峰，2009）。福利多元主义理论主张社会福利来源的多元化，既不能完全依赖市场，也不能完全依赖国家，福利是全社会的产物。这一理论最突出之处即在于社会福利的分权和参与：在分权意义上，福利多元主义理论的核心在于民营化或非政府化，即政府作用的减少。该理论主张政府不再是社会福利唯一的供给者，其他社会主体也应作为提供者参与社会福利事业中来，因而要求减少政府在社会福利直接供给的角色，使政府角色转变为社会福利服务的规范者、购买者、仲裁者及促进者。在参与意义上，福利多元主义理论主张社会福利来源的多元化。该理论在代表人物罗斯最初突破传统"政府与市场二分法"而主张"政府、市场、家庭三分法"("福利三角")的基础上，不断拓展福利来源的其他主体，认为政府—市场—社会维度下具体如政府、社会组织（即志愿组织等非营利组织）、企业组织（营利性市场主体）、社区、家庭及个人（此可谓"六分法"）等都是社会福利的提供者，并应承担相应的责任。而对于政府部门、私人部门和志愿部门的这种福利多元组合，也如学者王卓祺和艾伦·沃克（1998）所指出那样，"福利的提供在公共领域和私人领域之间，在社会市场与经济市场之间相互区别，彼此交织，表明社会政策和经济政策之间从不兼容到兼容的演变"。

二、现实意义

"福利多元主义给我们提供了一个可以借鉴的理论模式：平衡不同的福利提供者的作用，避免国家在福利提供中过分地保障，避免福利依赖问题的出现"（彭华民和黄叶青，2006）。

显然，该理论本身与我国政府提倡的社会福利多元化和养老服务社会化的发展路径具有内在的一致性，因而对于当下正全面推进中的政府购买养老服务建设具有较强的指导意义。实践中，政府购买养老服务主要是以社区为依托，社会组织提供的服务也通常以社区福利服务的方式出现。所以，鼓励支持社会组织等参与以养老服务基础的福利提供，有利于拓宽养老的资源渠道，提高社会参与的积极性，从而获得良好的社会效益。应当说，同样意义上强调养老服务等福利性公共服务需要国家、市场、社会、家庭等多方共同努力的观念与主张的福利多元主义理论，为进而改善我国政府购买养老服务参与主体、运作流程等提供了良好思路。

当然，"福利多元主义的理论支柱并不坚实，福利多元主义所提供的政策方案也不能有效解决新的福利供求矛盾。因此，对于中国当前的社会政策而言，要辩证地对待西方福利多元主义的经验"（王家峰，2009）。

第五节 多中心治理理论

一、基本主张

20世纪80年代,由于政府提供公共服务成本大、效率低等矛盾日益突出,西方国家开始反省自身的公共服务体系,并着力提升其治理能力与治理体系。于是,逐渐形成多中心治理理论。从该理论代表人物奥斯特罗姆夫妇的多中心政治体制①来看,这一理论是针对单中心而提出来的,特别强调公共服务治理主体的多元性,包括政府、非营利组织、企业、公民个人等都可以参与进行,它打破了政府垄断公共服务的单中心权力格局,形成了多个主体组成的治理网络,同时注重以竞争、合作方式更好提供公共服务、最大化维护公民利益,从而实现治理②。其实,从积极追求福利多元主义到有效实现多元福利治理目标,本就体现了社会福利改革的路径演化。恰如之前所言,多中心治理理论与福利多元主义理论共生异曲同工之妙。

本来,社会治理就应是一个多方互动的管理过程,多中心治理理论即主张"下放管理社会的权力,让中央政府将某些权力下放给地方政府和社会组织,建立包括公共部门管理与私人部门、非政府组织管理在内的多元治理结构"(陈天

---

① 该理论认为大城市地区地方管辖单位的多样化可理解为一种多中心政治体制,意味着有许多在形式上相互独立的决策中心,它们在竞争关系中相互重视对方的存在,相互签订各种各样的合约,从事合作性的活动,或者利用核心机制来解决冲突,在这一意义上大城市地区各种各样的政治管辖单位可以连续的、可预见的互动行为模式前后一致地运作。参见[美]奥斯特罗姆、帕可斯、惠特克:《公共服务的制度建构》,毛寿龙译,上海:上海三联出版社,2000年。

② "治理"一词存在于多个学科领域,而在其众多概念中,全球治理委员会的定义具有很大的代表性和权威性。1995年,该委员会在《我们的全球伙伴关系》报告中进行了界定,即治理是各种公共的或私人的个人和机构管理其共同事务的诸多方式的总和。这既包括有权迫使人们服从的正式制度和规则,也包括各种人们同意或以为符合其利益的非正式的制度安排。它有四项特征:治理不是一整套规则,也不是一种活动,而是一个过程;治理过程的基础不是控制,而是协调;治理既涉及公共部门,也包括私人部门;治理不是一种正式的制度,而是持续的互动。转引自俞可平:《治理与善治》,北京:社会科学文献出版社,2000年。

样,2007)。在该理论主张扩大社会治理主体范围下,政府不再占据原先的主导地位,而是由公共部门、营利部门、非营利部门、家庭和社区等共同提供公共服务,是共同埋单(张淑谦等,2014)。至于该多方合作的关键,如奥斯特罗姆夫妇(2012)、登哈特夫妇(2010)等学者所认为的那样,按照多中心治理理论构建的社会网络组织体系能够运行依靠的是存在于公共领域中的社会资本力量,取决于政府、公民、企业与社会组织之间的相互信任与积极合作。

现实来看,多元治理模式是当代公共管理的一种较好选择,其中就包括社会组织以政府合同形式参与公共服务供给的政府购买服务。基于政府(购买者)、社会力量(提供者)和社会公众(接受者)以及其他参与者所构成的多元主体治理结构,形成了跨部门合作的多元治理机制。即是说,"形成了政府、服务供应商、公众、第三方机构为主的四元主体结构和权责关系,其间的良性互动贯穿于需求确定、服务设计、购买内容和方式确定、购买过程监督、购买结果评价等从起点到终点的全过程"(王浦劬和郝秋笛,2016)。

在多中心治理理论下,以政府自主治理为基础引入社会主体参与竞争治理,通过竞争合作实现共赢,供给更多元化、更专业化的服务,扩展了治理的公共性(俞可平,2000)。由此所形成的这种多元参与治理结构,实质上就是在政府治理过程中鼓励引导社会、市场、公众进入公共服务领域,从而形成合作—竞争—合作的良性互动关系。

申言之,这样一个多元参与的治理结构,本身就是一个包含多样利益诉求但又需要多方合作的集合体。而在这一个集合体中,各个参与主体的活动影响并依赖于其他主体,显然是一种合作—竞争—合作关系。对于政府购买养老服务并无二致的是,养老服务的生产、提供、使用等活动同样需要多方合作,同时各个主体也都有不同需求,并追求自我利益的最大化。这样,就使得各个主体展开竞争与博弈,通过谈判等策略达成一致行动,最终又作为一个集体展开合作,从而形成政府购买养老服务的多元参与治理结构。

然而,尽管我国"在理论和实践的不断对接与碰撞中,政府购买养老服务的优势得以体现,并得到快速发展"(倪东升和张艳芳,2015),但与多中心治理理论所要求的多元参与治理结构仍有不少距离,往往在现实中也难免"南橘北枳",亟待因应改观,并如李蕊(2019)所指出的那样,"在政府、市场、社会的多元协同合作供给过程中,多元协同合作供给公共服务面临的核心困境在于如何在分权、放权、授权与多中心治理过程中避免责任真空"。

二、老年人参与

特以政府购买养老服务中受服务老年人参与问题述之,这是因为,如前所言,政府购买养老服务本身就是一种由受益者老年人合作参与的养老服务供给新模式。而且,特别是面对我国政府购买养老服务各主体间的地位不平衡,以及呈现明显的政府行政主导性强、社会组织竞争度弱、受益主体参与度低等消极状况,无论是从保障老年人公民权①等权益出发,还是从完善购买监督体系、更好实现政府购买养老服务目标来看,如何在决策做出、合同实施、评估监督中全方位、全过程、多维度地促进老年人有效参与,显然是摆在我们面前的一项重要课题。

对此,王浦劬和郝秋笛(2016)不仅认为"公民的有效参与是实现善治的必要条件",并且揭示道:"在政府购买的四元主体结构中,服务的消费者都还没有得到足够的关注,仍处于相对弱势的地位,消费者的参与甚至只是作为一种形式或陪衬而存在,还存在着缺席的严重问题。"又如,"在契约机制下,老年人参与缺乏法律支持,不仅没有请求强制执行的权利,甚至还影响老年人正当参与程序的权利"(张梦婉,2015)。再如,"从现有参与机制来看,老年人参与尚缺乏制度化安排,既没有明确的参与规则又没有具体操作办法,参与程序化、组织化和法定化程度不足,老年人作为养老服务的权利主体,其知情权、表达权、参与权和监督权等基本权利未得到有效保障",并且"我国政府购买养老服务过程中,呈现出'政府强主导,老年人弱表达'的状态。政府的'强主导'不仅

---

① 老年人参与的本质就是公民参与,公民参与公共服务供给是实现其公民权的重要途径,广泛的公民参与也是现代民主政治的重要基础。特别是在我国"公共服务供给中的公民缺位"问题凸显的现实背景下,应更加积极地引导和规范公共服务供给中的公民参与及公民权维护。对此,有学者立足公民权而认为政府购买公共服务的公民权利模式应包括三个方面的意涵:一是政府购买公共服务的根本目的是保障和实现公民的社会权利;二是公民在政府购买公共服务过程中的选择权和参与权是其决策和执行过程中的重要内容;三是公民对政府购买公共服务的监督权以及政府和第三方的相应法律义务和责任是其目的实现的重要保障。参见张梦婉:《政府购买公共服务法理基础的重构——以公民权利为中心》,《天府新论》2015年第1期。

表现在自上而下的制度建构中,也反映在自下而上的制度修正中;老年人的'弱表达'表现在老年人在政府购买政策过程中没有影响力,利益诉求渠道不畅,造成需求信息传递的扭曲,服务供给与实际需求脱节,服务供给难以真正满足老年人养老需求,同时也造成政府资源浪费和购买效率低等问题"(李文杰,2018)。

因此,基于多中心治理理论的应有之义,只有在政府购买养老服务过程中积极吸纳老年人参与(合同设计、招投标过程、评估监督等),充分发现老年人需求、听取老年人意见、接受老年人监督,才能真正有效地解决好为谁买这一重要问题。而解决这一问题的关键在于"治理体系中确立公民主体地位;全面信息公开,满足公民知情权;搭建公开听证和民意调查等参与平台;准确把握公民评价结果;以及加强公民参与评估的制度化建设"(孙洁,2010)。与此同时,还应"完善使用者参与和公众需求表达机制,重点包括建立和完善政府购买服务听证制度、群众评价制度和巡视制度,将公共服务'为谁买'与'买什么'、'怎么买'统一起来"(张偲和温来成,2018)。显然,为谁买这一问题的有效解决直接有助于谁购买、向谁买、买什么、怎么买、怎么保障等关联互动问题的根本解决。

第四章　政府购买养老服务的域外经验

第一节　国外典型制度引要

一、美国的制度典范

（一）基础坚实的全面支持

美国政府购买服务源于社会福利制度的改革，从政府购买低收入家庭的教育服务开始逐渐扩展到居家养老服务、老人医疗服务、残疾人服务等多个领域。在里根政府时期，美国就积极倡导在"小政府"旗帜下的社会福利改革政策，在大力推行简化政府机构的同时又大规模地缩小政府垄断公共服务供给的范围。特别是削减联邦政府对地方政府的拨款金额而把一部分公共服务全部划归地方政府的管辖，这对吸引社会资本从事养老服务等公共服务影响巨大。其后，克林顿政府期间又进一步推行"重塑政府运动"，主要体现在政府的精简、机构的重建、顾客至上原则的确立①、市场机制的引入、以绩效为基础的组织出现等方面的改革措施（邓念国，2009），有力地推动了公共服务提供方式的转变，成为政府购买养老服务实践发展的强大动力。

纵观美国政府购买养老服务有着坚实的经济、政治、社会、理论基础：一是

---

① 就所确立的顾客至上原则而言，凸显浓厚的新公共管理理论主张。美国倡导以企业家精神再造政府，确立以顾客为中心的公共服务市场化导向，此即美国政府购买服务凸显的市场化特色所在。

在市场经济方面,高度发达的市场经济为其奠定了坚实基础。美国倡导的自由市场经济理念对政府决策影响重大,联邦政府一直以来都倾向于"守夜人"的角色定位,秉持限权政府的宪法原则,将政府权力限定在制定宏观计划、引导和监督市场方面(张汝立,2014)。二是在政治方面,以联邦制、权力分立为主要特征的民主政治体制为政府购买服务提供了政治根基,而当代美国以市场化、分权化、放松管制为显著特点的行政改革又加速了其发展。三是在社会方面,美国是典型的市民社会国家,广泛的非政府组织活动为政府购买服务提供了极为有利的社会环境(朱世达,2005)。四是在理论方面,新公共服务理论、福利多元主义理论等从不同角度出发,分析了由政府直接承担公共服务生产职能的弊端,主张通过政社合作,利用市场机制提供更能满足公民需求的服务,这为政府购买养老服务提供了强有力的理论支持(陈爽,2016)。

(二)体系完备的法律制度

美国政府购买养老服务经过多年实践已经形成了比较完善的立法体系。可以说,美国有关法律体系已经成为全球典范,这为政府购买养老服务提供了充分的法律依据,并从法律层面保障和促进了其有序开展与健康发展。

例如,《美国法典》第31编第6301条区分了政府采购合同与补贴或公私合作协议(公共服务外包)①。又如,《联邦采购条例》是政府购买公共服务的基本法律,其对民用采购、国防采购进行了统一规制,包括政府购买公共服务。其中,第37编专门对合同管理、政策、监管作出规定,也包括特定类型的服务(公共服务)。再如,以《联邦采购条例》为核心,又制定了数量众多的法律,同时对《联邦采购条例》进行细化,方便政府购买公共服务的实际操作。这些法律包括《联邦财产管理法》《联邦采购合理化法》《合同竞争法》《小企业法》《及时支付法》等(李成刚,2010),加之其他直接或间接相关的法律法规,共有500余部,相关条款4000余项,涉及政府购买服务的组织管理、购买流程等所有环节,依此建立起了比较完善的政府购买服务

---

① 具体详见《美国法典》(1994年)第31编,第6304条(1)、6305条(1)。而该法典是美国对生效的公法、一般法以及永久性法律的正式汇编。由众议院的一个委员会负责监督、指导,由政府出版发行。1925年,议会批准了《美国法典》的准备工作;1926年第一版问世,共有四卷,包括到1925年12月7日为止的全部有效法律(独立宣言、联邦条例和联邦宪法不包括在内),内容按50个标题编排。

法律体系。

需要特别推介的,在美国关于老年人及其养老服务的众多立法中,《美国老年人法》尤为值得关注。

在美国老龄政策的发展历史上,1965 年《美国老年人法》的诞生具有划时代意义:①标志着美国的老龄政策不再仅仅停留在经济保障的范畴内,而是在经济、医疗、心理、文化生活等方面给予老年人全方位的保障和服务。②使美国老龄工作逐步形成了老龄署、州老龄单位和地方性老龄机构在各自政治环境下有效运行的行政网络。该法颁布后,这一老龄工作的三级行政网络代表了处理联邦政府和地方政府之间关系的一种新尝试,即中央把更多权力授予州和地方政府,加强州和地方在解决社会问题中的作用。③有利于代表老年人利益集团和组织的发展,有利于其更多介入老龄政策的决策过程,也推动了《美国老年人法》的不断修订和完善。④重视老年领域从业人员的教育和培训,确保了老龄服务人员的专业化,使老年人得以享受到高水平的服务(刘威,2012)。

之后《美国老年人法》又经多次修订,如 2000 年修订通过的该法即在三方面颇显价值:一是在明确政府购买养老服务的范围方面,第 3 条第 6 款、第 7 款中规定了美国州政府应当为社区老年人提供灾祸救济以及必要的营养服务;二是在注重服务对象的实际需求方面,要求在政府为老年人提供养老服务之前,应当对老年人的身体需求、心理需求以及社会需求进行综合评估,根据老年人的实际需求来提供专业的养老服务,以切实满足老年人对养老服务的需求;三是不仅规定了老年人所享有的政府救济内容,也规定了政府通过对社区非营利性养老服务组织进行专项补贴的形式,间接为老年人购买社区养老服务这一政府购买养老服务形式(张恺悌和郭平,2010)。

(三)充分竞争的购买机制

长期以来,美国政府购买养老服务基于充分竞争这一基本原则,呈现出高度运作的商业化、运作模式的透明化及购买成本的最低化等固有特质。

1. 高度运作的商业化

正是基于充分竞争原则,一方面,政府部门要通过各种途径和方法积极鼓励非营利组织或者(营利性)私人参与政府购买服务。事实上,政府在购买过程中更多与非营利组织基于市场同等地位而建立起合同关系。尽管美国政府购买的承接主体类型多样，可以分为非营利性和营利性两大类，但非营利组织却是主要力量。可以说，正是基于政府部门和社会组织之间这种高度运作的商业化，双方着力通过合作实现着双方共赢（方虹，2002）。另一方面，为确保购买成本的最低化，在政府购买服务中普遍引入多元化的购买方法。如在多元化的购买方法中，竞争性谈判方式又成为高度运作的商业化的发展方向。

2. 运作模式的透明化

美国政府购买服务制度的最大特点就在于透明性，以有效确保所充分利用的市场规则、所充分引入的竞争机制。而透明性与竞争性本身就是缺一不可的"一体两面"关系。显然，基于充分竞争原则的高度运作的商业化必然要求通过公开透明的信息披露等体现运作模式的透明化，从而实现购买成本的最低化。

一方面，美国全力维护这种基于充分竞争原则的高度运作的商业化、运作模式的透明化及购买成本的最低化。曾经，美国政府购买服务招标过程中出现过越来越多使用特定品牌的现象，这虽给某些特定的品牌和制造商带来了很多好处，但却不利于政府部门在购买中以最公平的价钱从最优质的产品中做出选择。于是，2006年美国行政管理和预算局专门对《联邦采购条例》进行了修改，禁止在政府合同中使用指定品牌，同时还制定了多项措施来提高政府购买流程的透明度。根据修改后的《联邦采购条例》，凡招标金额超过2.5万美元的项目，如果其中出现了指定单一品牌，有关官员就必须对此做出合理解释，并在政府网站上公布，以方便公众监督。

另一方面，美国在坚持充分竞争原则的同时也注重弥补完全竞争模式本身的不足，如其合理区分"软服务"与"硬服务"的细化做法便颇有特色。所谓的硬服务，指有具体的服务质量标准，双方可以事先详细约定权利义务与价格，监管成本较低的服务事项，如垃圾收集、拖车、道路维护等；所谓的软服务，指难以进行明确的成本收益衡量，服务质量标准不易量化，监管成本较高的服务事项，包括精神卫生服务、婴幼儿照料、养老服务等。比较而言，硬服务符合竞争性招标条件，故大多采用竞争模式；而软服务允许采用非竞争模式，主要包括协商模式和合作模式，从而弥补竞争模式的不足（常江，2014）。

(四) 注重绩效的监管体制

一方面，美国是十分注重绩效管理的国家①，具有世界性声誉的 1993 年《政府绩效与结果法案》即规定了政府应当实施绩效管理，并分别建立了专门的项目绩效评价机制，对项目绩效评价的目标、主体、方式、标准以及对评估本身的监督等内容作出了明确规定。根据该法要求，一是政府购买服务主要以绩效为标准对服务进行评估；二是为保证政府购买服务的质量以及体现政府效率，依据法律规定及合同约定，一般会通过信息报告②、现场考察、处理投诉、审计监督、阶段性评估③五种途径来全面监督承接主体的服务提供活动。

值得注意的是，对 1993 年《政府绩效与结果法案》补充完善并对公共项目进行"全景式"规制的 2005 年《项目评估与结果法案》，尚虎平和杨娟（2017）积极评价道："该法案以法律形式推进全过程责任监控、外包项目不外包责任、项目绩效与项目责任以及财政预算挂钩，进而推进以项目绩效完善完整意义上的绩效型政府与责任型政府的做法，对我国有着较好的借鉴作用，有助于更好推动公共服务项目改革，尤其有助于促进外包公共项目的责任监控。"

另一方面，美国的监督管理贯穿政府购买服务的全过程，形成了立法（前述）、行政、司法"三位一体"的全方位监督体系：一是在立法层面，如前述"法律制度的体系完备"。二是从行政组织框架设计看，立法层面涉及联邦购买服务的监督管理机构有美国国会下属的联邦会计总署（GAO）、联邦采购规则委员会和众议院政府改革委员会技术与政府采购办公室。在行政层面，美国总统行政和预算办公室（OMB）内设的联邦政府采购政策办公室（OFPP），代表总统

---

① 相比之下，新西兰更是推行公共服务市场化比较系统和彻底的国家。该国在实行宽松准入制度的同时，不乏有特色的公共服务管理，其特别之处主要体现为政府对整个公共服务领域实行全面的绩效管理。参见刘颖、妥艳洁：《新西兰：行政改革的先驱者》，《中国社会导刊》2007 年第 5 期。

② 例如，在政府购买养老服务中，养老服务的提供者要定期向州政府提交与提供养老服务相关的信息材料，同时要求州政府定期或不定期地对养老服务购买情况进行实地巡查，以便政府对所购买的养老服务进行考核评估，并决定是否更换养老服务供应商，从而达到政府监管的目的。

③ 就该阶段性评估而言，美国政府部门定期综合性评估服务的提供情况，并据此判断是否继续合同或者更换供应商。养老服务机构的自我检查和评估由全国非营利董事会中心制定统一标准，养老服务机构制定内部评估规则后由专业评估机构参照既有的标准和准则对服务评估。对于评估结果则需依法向养老服务机构和董事会中心反馈。转引自陈爽：《政府购买居家养老服务法律制度研究》，西南政法大学 2016 年硕士学位论文。

参与政府购买服务及相关政策和法规的制定工作，指导和监督各联邦机关依法购买服务。同时，联邦政府各部门拥有独立的监察办公室，负责审定是否需要对本部门的公共服务购买采取纠偏措施。三是在司法层面，美国建立了完善的司法救济制度，专门的机构有合同上诉理事会、美国联邦赔偿法院、美国联邦巡回上诉法院。此外，独立的第三方以及未能签约的供应商律师，随时可以查阅政府的有关购买记录（韩凤芹等，2015）。

二、英国的社区照顾

作为欧盟成员国的英国，是政府购买服务的发源地，世界上最早实行政府购买养老服务制度的国家之一，也是欧洲第一个进行养老服务市场化改革的国家。"在英格兰地区，很早就开始注重政府与社会组织之间的合作关系。1601年的《慈善使用条例》和16世纪末期的《伊丽莎白济贫法》都表明政府在一定意义上早就趋向于依靠慈善机构承担社会服务"（王浦劬和萨拉蒙，2010）。除此之外，为了加强政府与社会合作，1998年签署的《政府与志愿及社区组织合作框架协议》即对政府以及承接主体之间的关系和要求作出了明确规定，可以说是在全球率先将政府与民间组织的伙伴关系作为国家政策提了出来。

应当说，重视政策工具的推进作用、重视竞争原则与市场经验（即将竞争原则作为政府购买服务的一条核心原则，坚持通过市场来决定公共服务的提供主体）、重视社会合作与公众参与以及重视多层次管理体制①，凸显了英国政府购买服务模式的社区照顾特色。当然，这都根本维系于积极的竞争机制、严格的政府责任制、有效的监督评估及到位的激励机制等方面的法治支持。

（一）政策与立法的合力推进

一方面，英国政府基于政策推进出台了一系列配套的社会福利政策，对养老服务的外包进行政策性引导。

典型诸如：①1979年撒切尔夫人上台后推行的"政府再造运动"，其核心就

---

① 2001年，英国政府设立服务改革办公室，大范围实施政府购买服务制度，同时中央和地方实行分治，很大程度上给予了地方政府自主，中央行政部门主要负责政府购买制度的建设和更新等工作，而地方政府部门则可以根据地方情况购买相关的服务。转引自应佳烜：《广东省政府购买科技服务的机制研究》，华南理工大学2015年硕士学位论文。

是政府放权和市场化。这一运动使得英国政府部门逐渐从公共服务生产的角色转变为公共服务供给机制和公共服务的监督上来。②英国从20世纪80年代开始全面推行"社区照顾计划",要求把社区养老服务转包给有能力、有资质的社会组织,政府要求卫生部门制定相应政策来引导养老服务,并通过完善政策及其有效执行来制约有关参与方以更好保障老年人权益。③为保证政府购买质量和经济效益,1991年英国政府还颁布了《竞争求质量白皮书》,要求政府购买项目必须通过市场化运作来提升购买质量和服务水平。2011年,又通过《开放的公共服务白皮书》确立了五大原则来改善公共服务。④值得注意的是,2000年布莱尔政府出台《公共民营合作制——政府举措》,标志着政府购买养老等公共服务进入了成熟阶段。

另一方面,政府购买服务制度作为"政府再造运动"的主要内容,也逐渐成为英国立法的主要内容。

其一,作为欧盟成员国,英国在遵守欧盟相关指令①的同时,也根据本国实际制定了政府购买服务方面的法律规范,如《公共合同法》《公用事业机构合同法》《资助和采购最佳实务准则》《服务外包委托指导》等。其二,1980年英国政府通过立法明确规定,所有政府采购必须通过招投标方式进行,但直到1988年,政府购买服务的方式才被明确纳入法律中,即必须通过招投标方式。其三,1994年《放松规制与外包法》进一步拓展了政府购买服务的范围。例如,该法第59条第1款即规定,只要符合具体要求和通常外包期限为10年的限制,大臣、有关部门及地方当局的职能都可以采取外包的形式。

(二)社区照顾的购买模式

早在20世纪80年代,英国政府为了应对工业社会带来的人口老龄化问题,满足老年人对养老服务的现实需求,同时减轻政府提供公共服务的财政压力,在全国范围内大力推广政府购买养老服务制度。如前所述,在英国从国家照顾的传

---

① 欧盟有四部涉及政府采购的指令,包括《货物采购指令》《公共工程采购指令》《公共服务采购指令》《公用事业采购指令》。其中的《公共服务采购指令》于1992年颁布,在政府购买服务方面规定了适用范围、采购门槛、估价方法、采购程序、采购方式等。2014年该指令进行了修订,对政府购买服务标准进行了调整,取消了最低价格标准,明确最经济有利为唯一标准。概言之,欧盟通过这些指令确立了三项原则来对欧盟成员国购买服务行为进行约束,即透明度原则、竞争性原则以及非歧视性原则,以规范各国购买公共服务的购买程序并增加透明度。

统模式转向政府购买和社会提供的社区照顾模式中，由政府对贫困家庭的老年人给予养老补助，对其中有一定经济能力但是无人照顾、半失能的老年人低偿提供养老服务，对其中孤寡、残疾老年人免费提供专业的养老服务，以此来履行政府的养老服务责任。

为了规范和保障政府购买养老服务，英国建立了较为完善的政府购买养老服务法律制度。例如，1948年《国家帮助法》第47条即规定，政府要负责为那些需要照顾却无法自身取得照护的人提供照顾。又如，公开竞标是英国最典型的模式，1990年《全民健康服务与社区照顾法令》不仅明确规定，85%的中央政府拨付的特殊款项必须以竞争招标的方式向私营或非政府组织购买服务，而且鼓励地方政府向私人购买养老服务，倡导建立用户付费或政府补贴用户的联合付费机制。再如，1990年《全民健康服务与社区照顾法令》确立了老年人对养老服务需求的评估机制，即由英国地方社会服务局来负责老年人对养老服务需求的评估工作，以满足老年人对养老服务的实际需求。同时，该法还要求照料服务要与个人经济状况挂钩，接受公共养老服务要进行家庭财产调查和需求评估。为减少政府购买养老服务的开支，该法公布实施后，英国政府还增建了专业人员评估制度，以控制政府购买养老服务项目，将老年人的养老服务需求控制在政府财政支撑范围之内（周雪，2016）。对于该法所确立的独特的社区照顾制度，卡佳（2005）概括道：英国政府在购买非营利组织的社区照顾服务过程中，要求相关部门出台政策，并从顶层设计的角度明确强调四个转变，即从社区照顾的供给导向政策向需求导向政策转变、从政府机构性服务向社区性服务转变、从政府全包型向综合经济型的多方照顾转变、从全国性出发的照顾向地区性的照顾转变。

还需指出的是，英国的社区照顾有健康照护与社会照护两种，这两种方式有交叉部分：①关于健康照护，隶属于国家健康部门，提供的是由家庭医生、社区护士、健康家访员、社区心理医生等专业人士在社区提供的医疗和心理方面的无偿医疗保障与日常照护服务，属于预防性照护。②关于社会照护。按照2008年《全民健康服务与社区照顾法令》规定的人员范围，包括老人、病人、残疾人、孕妇、产妇、依赖酒精和毒品者或者其他相似情况者。社会照护归属于地方政府根据各地情况进行管辖，属于为帮助接受服务者能在社区中独立生活所提供的非医疗性照护。

显然,从二者的区分和安排服务人员的专业程度来看,就足以显示出英国社区服务方面的专业性。其实,社会工作者在英国被称为"第六只手",在英国的社区照顾中扮演着关键角色,"他们是英国成为福利国家的重要支撑,负责在英国社区中提供服务。他们不仅为社区提供服务,还会综合统筹社区的养老资源和老年人需求,综合管理、验收、分配资源等工作"(周月清,2000)。所以,英国一贯重视对社区养老服务工作人员的培训提升,专门培训或长期深造来提升他们在专业技能方面的相关知识,还在养老服务外包领域创新性地推出养老服务承接主体和人员资格认证制度。

三、日本的特色鲜明

相较于英美国家,日本政府购买养老服务的发展相对较晚,但是在较短时间内已经发展出了重视市场选择引入、强调合力推进、保持政策连续、法规体系完备等特色鲜明的日本购买模式。当然,其中最大特点即法规体系完备。

(一)重视市场选择引入

在公共服务供给过程中,日本政府采用了选择性的引入市场成分。也就是说,政府部门并非将服务完全推向市场,而是有的放矢地通过市场成分的充分引入,由此打破政府在服务供给方面的垄断性,并使得社会力量充分参与服务供给的过程中来。

(二)强调合力推进

在公共服务购买过程中,日本政府和市场力量相互配合、相互合作、共同推动购买发展。一方面,日本政府是购买的指导机关,而民间力量不仅是购买的参与者,还是重要的监管者,如日本的官民竞标监理委员会是由民间个人或民间组织构成的;另一方面,购买服务的相关情况必须向社会公布,接受社会大众的监督,同时社会大众也有权利向政府提供相关意见和建议。

(三)保持政策连续

日本政府在购买服务的政策推进过程中,始终以提高公共服务质量、降低服务成本为主要目标。特别是每一届政府在继承以往政策优点的同时,根据社会发展的需求对相关政策进行及时改革,力求日本政府购买服务制度的可持续发展。

(四)法规体系完备

日本有关政府购买养老服务的法规体系非常完备,包括基本法规与专门法规,主要如下。

1. 有关的基本法规

(1)在中央政府层面,主要有《关于规定物品和特殊服务采购的特别程序的法令》《关于规定物品和特殊服务采购的特别程序的部门法规》等。

(2)在地方政府层面,主要有《地方自治法》《地方自治法实施条例》《地方政府实体物品和特殊服务采购的特别程序的法令》《关于导入竞争机制改革公共服务的法律》等①。

2. 有关的专门法规

日本在政府购买养老服务的法规方面极为丰富并成体系,集中凸显于八大方面。

具体体现为:①1959年颁布实施《国民年金法》,明确了政府提供养老服务的资金来源。②通过 1963 年制定的《老年福利法》以及 1986 年颁布实施的《老年保健法》两部法律,规定了老年人所享有的权利和义务,为老年人养老保障奠定了社会基础。1991 年日本政府在修改《老年保健法》时弱化了中央政府权力,给予市、町、村更多的自主权,为日本政府购买养老服务的发展提供了良好氛围。③1989 年《黄金计划》明确了政府、社会养老服务机构以及老年人三者各自的权利义务。之后又不断修改,如 1994 年《新黄金计划》、2002 年《21 世纪黄金计划》等。④1999 年推出了《利用民间力量以促进公共设施建设之法律》(PFI 法),确立了日本政府购买养老服务制度。⑤通过可谓日本养老产业发展的转折点的 2000 年《介护保险法》②,旨在为老年人降低享受养老服务时所要承受

---

① 本处及以下所列资料主要转引自周雪:《我国政府购买养老服务法制化研究》,长春理工大学 2016 年硕士学位论文;游可娟:《论我国政府购买公共服务的法律监管》,华南理工大学 2016 年硕士学位论文;韩凤芹、武靖州、万寿琼:《政府购买科技服务及其预算管理的国际做法与启示》,《经济研究参考》2015 年第 19 期。

② 日本建立了包括养老保险、劳动保险、医疗保险、介护保险在内的社会保险,形成了较为完善的社会保障体系。日本养老产业发展的转折点是 2000 年通过的《介护保险法》。所谓介护,主要是指为老年人提供必要的生活服务。按照该法律规定,日本人从 40 岁开始就需要缴纳介护保险金,此后如果出现需要介护服务的情况,则由介护保险给予一定比例的补助。介护保险的支出有财政补贴,而介护保险的保费收入主要投资于存款和国债,并不追求投资收益。参见王祎、蒋京方:《日本德国如何应对老龄化问题》,《金融时报》2019 年 5 月 31 日。

的压力,形成全国共建的养老保障系统。⑥2006 年颁行《公共服务改革法》,改革日本公共部门提供公共服务模式,将几乎所有能市场化的政府公共服务项目以竞争性招标的方式外包给专业的公司来运营(焦述英,2010)。⑦2015 年出台《关于推进地方行政服务改革之注意事项》,展开了新一轮的公共服务改革。该文件将日本政府购买公共服务的制度分为民间委托、民间主动融资(PFI)、指定管理者制和市场检验四类,又从适用法律、购买主体、承接主体等方面对该四类制度进行了高度精细的归类。其中,在市场检验制度中,日本通过立法要求建立第三方监管机构,由政府、养老服务供应商以外的专家对全过程进行监督管理,同时要求第三方监管机构将监管信息及时向社会公布,以保障公民的知情权并接受社会的监督。⑧日本政府还先后制定了《社会福利士及看护福利士法》《福利人才确保法》等,以提升养老服务组织服务人员的综合素质,更好保障老年人的合法权益。

第二节　可资借鉴的几点启示

纵观世界各国特别是美国、英国、日本等市场经济发达国家的政府购买养老服务模式①,从 20 世纪 60 年代开始实施至今,实践运作与技术路线已经相当完善和成熟,为我国提供了重要启示和借鉴。无论是堪称制度典范的美国,还是凸显社区照顾的英国,以及特色鲜明的日本,它们所共同呈现的市场化、透明化、法治化的优良经验,可为解决中国问题提供重要借鉴。

固然,特别是法治方面,欧美等市场经济发达国家较为健全的立法规定、公开透明的购买流程以及非垄断的购买方式②,更是值得仍处于"实践兴盛、制度

---

① 国外研究中,按照政府购买养老服务时更强调政府自身的主导地位还是更关注供给主体,可将政府购买养老服务的模式划分为四种模式:一是以美国、英国为代表的完全市场模式;二是以法国和德国为代表的部分公共产品市场化模式;三是以北欧国家为代表的高税收支撑高福利模式;四是以东亚国家为主的政府直接干预模式。

② 关于欧美模式的具体分析,可详见马广志:《政府购买公共服务的欧美模式》,《华夏时报》2014 年 2 月 26 日。

滞后"的我国予以积极借鉴与本土实现。然而，并非这些经验都能适用中国或有效解决中国问题，如新公共管理理论与新公共服务理论在强调企业家政府的工具理性还是公民权利的价值理性冲突方面，甚至还会制造某些问题。有鉴于此，虽然我们要充分正视我国在推行政府购买服务过程中出现的财政资金投入不当、供方市场发育不充分、节约费用不明显、寻租腐败严重、服务质量低劣等问题，积极寻找"良药良方"，但对国外经验也绝不能盲从效仿。特别是在积极主张"中国特色、中国经验"的政府购买养老服务的法律构造上，对国外经验要充分研判、审慎考量，因应进行去粗取精、有的放矢、为我所用的理性对待、积极借鉴与本土实现。

如下，主要从这些市场经济发达国家集中凸显并可资借鉴的七大方面加以契入。

一、系统完备的法律保障

这些国家在实施政府购买养老服务制度时，坚持法治理念与立法先行原则，全面通过立法来明确必要的范围、程序以及责任。应当说，美国、英国、日本等政府购买服务法律体系细致周全、系统完备，堪称全球典范，从法律层面有效地保障和促进了这些国家政府购买养老服务的有序开展与健康发展。

二、充分竞争的全面贯彻

尽管以这三个国家为代表的政府购买养老服务制度及其购买模式有所差异，但最大的共同点即在于基于充分竞争的基本原则，全面建立并有效实施市场竞争机制。正是通过这种养老服务组织之间的充分竞争，使得政府从中选取综合性能最优的养老服务承接主体，得以最大化降低政府提供养老服务的成本，得以最大化提高养老服务的质量，得以最大化提升政府行政的效率。如前所述，美国政府购买养老服务正是基于充分竞争这一基本原则，呈现出高度运作的商业化并进而实现采购成本的最低化的固有特质。

三、公开透明的信息披露

如前所述，基于充分竞争原则的高度运作的商业化，必然要求通过公开透明的信息披露等体现运作模式的透明化,从而实现购买成本的最低化。以美国为例,其在施行政府购买养老服务制度时,十分重视相应的信息披露工作。要求养老服务提供者定期向州政府提交与提供养老服务相关的信息材料,州政府将这部分信息材料向社会公布,让接受养老服务的老年人了解其接受养老服务的相关情况,同时也能让其他社会公众掌握政府履行职能的相关情况。日本亦然,在其市场检验制度中即要求第三方监管机构将监管的信息及时向社会公布,以保障公民的知情权,接受社会的监督。如此一来,有利于提高政府行政的透明度、加强公众对行政的监督、实现政府行政的公开。

四、设置完善的准入机制

在国外,许多国家建立了较为完善的承接主体准入机制,或者建立了相应的招投标、评估、监督等机制,而通过这些即体现出严格的承接主体准入制度。该准入机制不仅是对执行购买行为的部门机构、承接主体的筛选评估标准和选用过程的明确,更是为政府购买养老服务全过程提供一种轨道式的保障。

以美国和日本为例。在美国,承接主体的准入机制通过立法形式进行确立,过程是采用公开公正的招投标方式。这种方式使得美国的承接主体之间的竞争十分激烈,由此提高了服务质量。美国政府规定,承接主体不仅要达到相应资质满足准入机制的要求,还要增加它们之间的竞争力,以在竞争中为老年人提供更高质量的养老服务。在日本,对于养老服务提供者在各个方面的要求都是十分严格的:一是日本通过设计规范、合理的购买流程、科学的评估流程模块对承接主体准入机制进行细化;二是非营利组织在日本养老服务中举足轻重、不可或缺,如若缺失其参与的养老服务必然"寸步难行",为此日本还通过专门出台《特定非营利活动促进法》(1998年)等来推动社会组织的发展;三是为保障程序公平,如果在招投标过程中参与竞争的养老服务组织与选择承接主体的政府组织之间有某些利害关系,则不可以参加本次竞标;四是在评估过程中不仅评估人员与被评估的承接主体不能有利害关系,而且评估人员还需要具备专业的知识和资格,要符合其相应的法律规定(朱慧杰,2018)。

五、契约化的购买关系

只有在地位平等、意思自治基础上签订的合同才具有契约化意义,才是政府购买养老服务所追求的实质。西方国家的政府和社会组织之间会清晰约定契约关系和项目的招投标等明确的程序,这不仅使购买主体和承接主体无论是在具体项目的购买上还是责任的分配上都有着明确的依据,而且可以保障养老服务的畅通,使得老年人的利益保护落到实处。反观我国,虽然在追求契约化的过程中不断改进管理方式,但是在购买养老服务时仍旧有很多地方并没有采取公开的招投标方式,也没有通过平等签订合同方式来约定养老服务的内容和责任划分,还存在着政府的承揽和指定(朱慧杰,2018)。显然,在契约化关系的建立上,这些域外经验值得学习和借鉴。

六、过程全面的监督管理

这些国家都建立起了较为完整的政府购买养老服务监督评估体系,注重养老服务的需求评估,注重通过独立的第三方评估机构或者如日本的官民竞标监理委员会等对承接主体实施过程监督,并对其所提供的养老服务进行评估,以确保达到政府购买养老服务的预期效果。特别是如前所述,美国的监督管理贯穿政府购买养老服务的事前事中事后全过程,形成了立法、行政、司法三位一体的全方位监督体系,尤其值得学习和借鉴。

就重视需求评估而言,美国政府为老年人购买养老服务前,要求对老年人的身体需求、心理需求等进行综合评估,根据老年人对养老服务需求的综合评估结果来购买专业的养老服务。又如,英国在实施政府购买养老服务过程中,同样以老年人的实际养老服务需求为导向,建立了老年人养老服务需求的评估机制,按照老年人的实际养老服务需求来购买养老服务,充分发挥政府在社会养老中的积极作用。

再就重视第三方评估而言,这些国家政府历来鼓励并积极引进独立的第三方评估机构。该第三方机构主要扮演监督者的角色,特别是相较于依赖政府等任何一方而只是在形式上有所设置却起不到实质作用的监督机构而言,这种监督方式可以有效地避免监督者与被监督者之间存在某种利害关系,得以更好地达到公开公平公正的监督效果。反观我国，即使有些地方建立了具有专业人员的第三方监督机构，但这种第三方机构更多系由政府专门设立，不具有实质上的独立性，因而易于导致"自买自评"弊端。所以，借鉴这些成功经验，积极培养第三方评估机构是势在必行的。

七、积极有效的激励机制

诺思和托马斯（2009）曾言："有效率的经济组织需要在制度上作出安排和确立所有权以便造成一种刺激，将个人的经济努力变成私人收益率接近社会收益率。"以英国为例，政府制定了全面的非营利组织激励机制：一是英国政府对非营利组织最重要的支持方式就是财政补贴。对于符合条件的非营利组织，英国政府即对其组织运营、项目执行以及内部治理等内容提供对应的财政补贴；二是英国政府最有力的支持方式就是通过契约，与非营利组织建立友好合作的法律关系，对非营利组织项目提供直接的财政支持；三是英国政府最有效的激励机制就是建立非营利组织的税收优惠政策。这些优惠政策不仅为非营利组织节省了税费支出，同时也为其吸引大量的社会捐赠者，从而提高其资金来源和社会公信力（李丹，2015）。

特别提及的是，全面实施前馈控制结合过程控制模式（事前、事中）、有效贯彻结果导向原则（事后）的 2005 年美国《项目评估与结果法案》，还专辟条目明确提出项目绩效评估必须与预算挂钩，要做到"干好干坏不一样"的效果，即凡是绩效优秀的项目，就可以获得全额拨款甚至超额奖励拨款；绩效不佳的项目，不仅面临公共预算经费的削减，还可能面临项目被撤销的风险。由此，通过这种刚性绩效结果与预算关联的方式，便实现了公共项目预算的硬约束。显然，无论是以上过程全面的监督管理，还是积极有效的激励机制，该法案及其配套做法无疑可以提供十分有益的思路。正如之前所评价的，该法案以法律的形式推进全过程责任监控、外包项目不外包责任、项目绩效与项目责任以及财政预算挂钩、以项目绩效完善完整意义上的绩效型政府与责任型政府的做法，对我国有着很好的借鉴意义（尚虎平和杨娟，2017）。

第五章　政府购买养老服务的法治进路

第一节　摒弃购买不合理对待，坚守最基本的平等原则

一、至关重要的平等对待

政府购买养老服务的法治化，首先要坚守最为基本的平等原则。特别是在适度普惠型养老服务的目标定位下，政府应当购买的是最基本的养老服务，最根本任务是兜底解决城乡老年人因失去自理能力并缺乏经济能力所致的养老服务问题。也正由于政府购买养老服务实乃一项发展养老服务业并实现基本养老服务均等化的兜底性举措，平等原则至关重要[①]。

应该说，虽然我国政府购买养老服务等公共服务比西方国家起步晚，但经过20多年的探索与实践，已初步形成了政府主导、社会参与、公办民办并举的供给模式。然而，通过实践研判不难发现，各地发展不同程度地存在着背离均等化的不均衡现象。正像（杨桦和刘权，2011）所揭示的那样，"政府公共服务领域日益扩展，公共服务数量不断增加，但我国的发展极不均衡，城乡之间、区域之间、不同群体之间存在着很大差异，政府公共服务非均等化现象较为突出"，

---

① 关于平等对待问题的专门研究，可详见袁维勤、于新循：《我国政府购买养老服务中的平等权维护——基于有关区别对待规定的审视与选择》，《四川师范大学学报》（社会科学版）2011年第3期；于新循：《我国养老机构的判析：法律定位及平等对待》，《理论与改革》2011年第6期。

"无论是从公共权力、社会地位还是市场机制的视角看,作为购买服务主体的双方存在不平等关系"(汪锦军,2012)。事实上,在我国政府购买养老服务的实践中,缺乏应有的平等这一大问题仍不同程度地存在着。例如,在承接主体、服务对象资格条件等方面就存在一些不合理的区别对待问题(该享有的不享有、不该享有的却享有),甚至还存在一些不加区别的不合理的同等对待现象(不该享有的却同该享有的一概享有),以及诸如下一节所述的政府购买内部化现象等,均违背了所应遵循的平等原则,明显有失公平。

基于公平的根本,必须坚守平等原则,以体现最基本的机会平等意义下的平等对待。令人欣喜的是,李克强总理在2019年"两会"即明确要求:按照竞争中性原则,政府采购和招投标要对各类所有制企业平等对待。

二、承接主体的平等对待

(一) 公办与民办的平等对待

所谓坚持承接主体的平等对待,就是基于公平一视同仁地确保与维护诸如民办与公办养老服务组织得以在承接养老服务时的公平对待。而且不限于此,还要进一步因应市场化的必然要求,矫正对民办养老服务组织的偏颇甚至歧视对待,特别强化民办养老服务组织的培育与扶持。

就域外经验而言,英国政府在20世纪80年代推行从国家照顾转向社区照顾的政府购买养老服务制度过程中,就非常重视社会养老服务市场的培育,甚至通过财政预算拨付资金来培育、发展社会养老服务组织,以填补政府裁减公立养老服务组织后存在的养老服务空缺。就美国而言,在其立法中并未按主体的社会性质来规定或限定政府购买公共服务承接主体的范围,而是规定了一个共同的资格条件,即无论什么样的组织或个人,只要符合规定的资格条件都可以成为承接主体。而且,又具体分为一般资格标准与特别资格标准:①一般资格标准包括有履行合同的足够资金和进度表;②有良好的商业道德和诚实信用的合同履行记录;③有必要的组织、经验、财务、技术技能,或有能力获得它们;④有必要的材料、场所、设施、设备,或有能力获得它们等。至于特殊资格标准,即将特别的合同授权给签约官改变责任标准,具体是何种标准则因事而异(项显生,2014)。

如前所述,政府购买养老服务的承接主体,即具备养老服务资质的社会力量以及事业单位。具体而论，不仅包括归于社会力量范畴并属于社会组织或者企业性质的民办养老服务组织，以及具备养老服务提供条件和能力的自然人（含个体工商户），而且包括事业单位性质、并非社会力量范畴（但已开始呈现归向社会力量趋势）的公办养老服务组织。

需特别指出的是，所谓民办与公办的传统区分已在改革大势下日渐式微。即是说，已然从过去强调民办与公办的身份区别到现今关注基于营利性与非营利性的组织分类①。而在"两条腿走路"下，如果原为事业单位性质的公办养老服务组织，部分经过事业单位分类改革而成为社会力量中的非民办企业，那么，对于已包含了民办与国有性质的各类企业的该社会力量范畴中的养老服务组织，当然不能再被一概称作民办养老服务组织了。

一方面，就政府购买服务本身称谓而言，如2013年《国务院办公厅关于政府向社会力量购买服务的指导意见》等政策性文件更多称之为政府向社会力量购买服务，这表明社会力量范畴的民办养老服务组织应为承接主体中的中坚力量，其所承接的养老服务实乃政府购买服务改革的主流方向。所以，诸如"原办法"以及2018年《政府购买服务管理办法（征求意见稿）》等均明确了"凡是社会能办好的，都交给社会力量承担"（当然，"新办法"基于部门规章的立法考量而尽可避免此类政策性表达）。

另一方面，作为公办养老服务组织并如"新办法"规定的"公益二类和从事生产经营活动的事业单位"，本身就呈现出一种归向社会力量的改革趋势，因

---

① 判定一个组织是营利性还是非营利性有三个基本标准，即营利组织的目的营利性、盈利分配性、剩余财产分配性，判然有别于非营利组织、非营利目的性、非盈利分配性、非剩余财产分配性（后两者可统称为非所有非回报、盈利与财产非分配性）。所以，营利组织和非营利组织的根本区别在于，开展活动的盈余和清算后的剩余财产是否可以分配，而并非非营利组织就不能开展一定的营利性活动；反之，营利组织也并非不能开展一定的非营利性活动。例如，《民法总则》第76条规定："以取得利润并分配给股东等出资人为目的成立的法人，为营利法人。营利法人包括有限责任公司、股份有限公司和其他企业法人等。"显然，营利法人根本为营利性社团法人。又如，第87条规定："为公益目的或者其他非营利目的成立，不向出资人、设立人或者会员分配所取得利润的法人，为非营利法人。非营利法人包括事业单位、社会团体、基金会、社会服务机构等。"根本上，非营利法人包括非营利性的社团法人与本就为非营利性的财团法人。其中，本质为财团法人的基金会与社会服务机构以及依法设立具备法人条件的宗教活动场所，又称为捐助法人。并且，第95条还随之规定："为公益目的成立的非营利法人终止时，不得向出资人、设立人或者会员分配剩余财产。剩余财产应当按照法人章程的规定或者权力机构的决议用于公益目的；无法按照法人章程的规定或者权力机构的决议处理的，由主管机关主持转给宗旨相同或者相近的法人，并向社会公告。"

而也可将其归入宽泛意义上的社会力量。对此，如"原办法"第 9 条就明确要求"推进有条件的事业单位转为企业或社会组织"。又如，按照《四川省人民政府办公厅关于推进政府向社会力量购买服务工作的意见》（川办发〔2014〕67 号）所要求的那样，"鼓励符合条件的事业单位积极承接政府向社会力量购买服务项目，但要与具备条件的社会力量公开、平等参与竞争"。

其实，彰显市场机制效用、以公平竞争为本的政府购买养老服务制度，本就要求民办与公办的平等对待，唯此才能相得益彰地形成公共服务供给的最大合力。

（二）民办之中的平等对待

不仅公办与民办养老服务组织要平等对待，而且民办养老服务组织中营利性与非营利性也要平等对待，其权利与义务要求均应如此。

就国外而言，非营利组织（有关认识见后述之社会组织）原本就是政府购买服务的重要承接主体。有关调查数据显示，欧洲非营利组织收入中有 40%～70%来自公共财政，即使像美国这样的市场主导型国家，非营利组织收入总额中来自政府公共部门的资源仍占到其收入总额的 30%以上（许益军，2014）。以《德国社会法典》①为例，其对非营利性养老服务组织提供养老服务作出了四点要求：第一，非营利性养老服务组织必须具备提供养老服务的能力和必要的设施；第二，要保证政府资金的使用效率；第三，非营利性养老服务组织应当拥有当地政府所不具备的技术或条件；第四，确保非营利性养老服务组织所提供的公共养老服务符合德国宪法准则（周雪，2016）。值得注意的是，该法典对非营利性养老服务组织的这些要求，同样适用于营利性养老服务组织。当然，这种平等对待要通过竞争性选择程序加以确定，恰如之前所言，兹因"竞争性选择程序通常具备事先设定选择标准、一次投标、一次决定及不允许私下协商与谈判的特征，被认为是最有效、最符合市场竞争规律、最具有民主精神的承接主体选择方法"（王浦劬和萨拉蒙，2010）。

---

① 德国乃现代社会保障制度的"母国"。1975 年，联邦德国将各种社会法规汇总而统一颁布了作为德国社会保障制度法律基础、覆盖极为广泛且内容非常细致的《德国社会法典》（即《德国社会保障法典》，简称 SGB）——这也是世界上第一部"社会法典"。经过一百余年的发展，德国已成为全世界范围内社会保障立法体系最为健全、法典化程度最高的国家之一。

如下,再以"民办公助"的民办养老服务机构模式为例讨论之。

基于促进养老服务业的全面发展,对民办养老服务机构在规划设置、资金投入、土地提供和税收方面给予支持和优惠,就要大力推行民办公助模式。然而,该模式事实上只是基本或更多适用于民办非营利性养老服务机构,这其实就是对民办营利性养老服务机构的一种不平等对待。长期以来,正因政策导向差异过大,加之分类管理制度的长期缺失,导致以企业形式实际选择营利性养老服务机构的并不多,实践中绝大多数民办养老服务机构往往是迫不得已选择登记为民办非企业单位(现为社会服务机构)性质的非营利性养老服务机构,包括不少开办高档型老年公寓的民办养老服务机构都是如此(于新循,2010)。

显然,这与建立健全养老机构分类管理(如《老年人权益保障法》第42条、第43条)①、2006年《国务院办公厅关于加快发展养老服务业的意见》"要建立公开、平等、规范的养老服务业准入制度,积极支持以公建民营、民办公助、政府补贴、购买服务等多种方式兴办养老服务业,鼓励社会资金以独资、合资、合作、联营、参股等方式兴办养老服务业",以及2013年《国务院关于加快发展养老服务业的若干意见》② 等的基本要求都是相悖的。尽管2017年10月1日起施行《民法总则》后我国才可谓真正开启了营利法人与非营利法人"两条腿走路"的基本分类管理制度,原先偏颇对待之情形虽非积重难返,但毕竟正本清源下的因应改观尚待时日。所以,对民办营利性养老服务机构同样要在鼓励和支持基础上,合理制定并实施与我国养老服务业基本要求发展相适应的鼓励性政策和法律措施。就此而言,也应对其实行有所限度的民办公助式政策支持。这里的有所限度意在避免不合理的相同对待,并在因地制宜、合理适度的统筹考量下对二者实行合理的区别对待。

---

① 此处所谓养老服务机构的分类管理,就是实行非营利性养老服务机构与营利性养老服务机构管理的"两条腿走路"。例如,《老年人权益保障法》第42条"建立健全养老机构分类管理和养老服务评估制度"的规定,该法第43条的规定,即"设立公益性养老机构,应当依法办理相应的登记。设立经营性养老机构,应当在市场监督管理部门办理登记。养老机构登记后即可开展服务活动,并向县级以上人民政府民政部门备案"。

② 该意见在要求公办养老服务机构充分发挥其保障性作用的同时,也基于应有的平等原则,在促进民办养老服务机构发展方面,推进民办公助,选择通过补助投资、贷款贴息、运营补贴、购买服务等方式,支持社会力量通过举办养老服务机构来开展养老服务业。

(三) 平等对待的规则体现

其一，依据有关法律规定并按照2013年《国务院关于加快发展养老服务业的若干意见》，特别是2013年《国务院办公厅关于政府向社会力量购买服务的指导意见》、2014年《财政部等关于做好政府购买养老服务工作的通知》等明确提出的基本要求，要"确保具备条件的社会力量平等参与竞争"，维护各类承接主体平等参与项目承接的公平竞争，禁止以任何不合理条件对承接主体实行差别化歧视。

其二，关于承接主体的选择方式，"原办法"规定的公开招标、邀请招标、竞争性谈判、单一来源采购四种基本采购方式并未列入或者说排除了《政府采购法》所规定的公开招标、邀请招标、竞争性谈判、单一来源采购、询价五种法定方式中的"询价"①。同时，2018年《政府购买服务管理办法（征求意见稿）》规定了合同制承接主体确定方式下的公开招标、邀请招标、竞争性谈判、竞争性磋商、单一来源采购五种遴选方式，同样未包括询价，却又比照PPP业务新增设了竞争性磋商这一非法定方式。而按照2017年《政府采购竞争性磋商采购方式管理暂行办法》规定，竞争性磋商是指"采购人、政府采购代理机构通过组建竞争性磋商小组与符合条件的供应商就采购货物、工程和服务事宜进行磋商，供应商按照磋商文件的要求提交响应文件和报价，采购人从磋商小组评审后提出的候选供应商名单中确定成交供应商的采购方式"。相当意义上可以说，竞争性磋商与最易混淆的竞争性谈判的主要区别在于：前者采用综合评分法，依据得分从高到低确定成交供应商的排序，即高分中标；后者则采用最低价中标法，依据报价从低到高确定成交供应商的排序，即"低分中标"。

就"新办法"而言，按照第7条"政府购买服务的承接主体应当符合政府采购法律、行政法规规定的条件。购买主体可以结合购买服务项目的特点规定承接主体的具体条件，但不得违反政府采购法律、行政法规"的规定，以及第17条"购买主体应当根据购买内容及市场状况、相关供应商服务能力和信用状况等

---

① "询价"这一未被"原办法"列入但却被《政府采购法》所规定的法定方式，主要适用于合同价值较低且价格弹性不大的服务采购，它明显存在公开性弱、随意性大、倾向报价、过程单薄等弊端。至于"新办法"，因依循《政府采购法》所规定的五种法定方式，便自然包括在内。

因素，通过公平竞争择优确定承接主体"的规定①，显然，"新办法"规定的承接主体选择方式即《政府采购法》所规定的公开招标、邀请招标、竞争性谈判、单一来源采购、询价五种法定方式，以体现第 3 条所要求遵循的公开择优原则。

其三，"原办法"第 11 条"购买主体应当保障各类承接主体平等竞争，不得以不合理的条件对承接主体实行差别化歧视"的规定极为必要。同时，"新办法"第 7 条也同样作出了明确，即"购买主体可以结合购买服务项目的特点规定承接主体的具体条件，但不得违反政府采购法律、行政法规，以不合理的条件对承接主体实行差别待遇或者歧视待遇"。

其四，国务院于 2019 年 10 月 23 日发布的《优化营商环境条例》值得特别关注②。该条例关于"国家坚持权利平等、机会平等、规则平等，保障各种所有制经济平等受到法律保护"（第 10 条）、"各类市场主体依法平等适用国家支持发展的政策。政府及其有关部门……应当依法平等对待各类市场主体，不得制定或者实施歧视性政策措施"（第 12 条）、"招标投标和政府采购应当公开透明、公平公正，依法平等对待各类所有制和不同地区的市场主体，不得以不合理条件或者产品产地来源等进行限制或者排斥"（第 13 条）等规定，可谓是对我们所应坚守的平等对待原则的最直接彰显，其意义重要而深远。

三、服务对象的平等对待

（一）平等对待的现实偏离

长期以来，服务对象的资格问题十分突出，缺乏应有的平等对待，有失公

---

① 有必要强调一下，这其中的信用状况要求，即"新办法"第 3 条所要求遵循的诚实信用原则这一信用管理要求的最基本体现。我们知道，显耀于世界的诚实信用原则最直接体现了法律公正公平的基本价值取向，因而被称作不可动摇的"帝王条款"。我国台湾地区的著名民法学家史尚宽准确地称之为"君临全法域之基本原则"，德国最高法院曾于 1930 年 10 月 2 日作出的判决更是明白肯定道："诚实信用原则，对于一切法律并包括公法在内，皆得适用之。"在我国社会信用体系建设不断推进并成效显著的当下，政府购买养老服务等公共服务的信用法治建设依然路长。

② 为了认真贯彻落实国务院关于深化"放管服"改革、优化营商环境的决策部署，推动政府职能深刻转变，加快营造稳定公平透明、可预期的营商环境，更大激发市场活力和社会创造力，根据《国务院 2019 年立法工作计划》，在国务院推进政府职能转变和"放管服"改革协调小组的指导下，经过前期调研、专家论证、广泛征求意见，国家发展改革委牵头会同有关部门研究起草了《优化营商环境条例（征求意见稿）》。最后，国务院通过并于 2019 年 10 月 23 日公布了《优化营商环境条例》，意义重大，令人鼓舞。

平。纵览全国各地位阶不同的有关规范性文件,可以发现对老年人进行了可谓"五花八门"的区别对待(分类),符合规定条件的老年人才有资格获得政府购买的养老服务,区别对待的依据主要有年龄、自理能力、经济能力、城乡户籍以及职业、是否实际居住、是否为华侨、贡献大小等。

我们知道,作为法之根本的公平,可总括性表现为实体正义的归属正义、交易正义、分配正义,以及程序正义的矫正正义等具体类型,并又各自通过一些具体不同的部门法制度加以实践与延展强化,如在公平至上的民法基本要旨基础上,商法凸显交易正义,经济法则彰显其公法色彩上的分配正义。张雅勤(2018)就此指出:"在某种程度上,我国政府购买公共服务的产生,正是政府期望通过收回财政责任增强公共服务改革中的公平性和均等化。"

显然,各地不一甚至有所恣意的资格限制是否符合分配正义不无疑义。对此,袁维勤(2012)从严格的救济性行政给付角度明确道:"我国政府只宜对自理能力和经济能力同时缺乏的老年人购买养老服务,也就是为自理能力欠缺而需要他人提供养老服务且无经济能力购买养老服务的老年人提供服务。"并且,颇有高度地认为"全国性规范应当保证'雪中送炭',地方性规范可以在此基础上'锦上添花'"。

(二)平等对待的公平实现

一方面,要坚持从法治理念出发对服务对象的资格条件进行制度上的顶层设计,并依法对全国各地位阶不同的有关规范性文件进行统一清理和修补完善。另一方面,要坚持从满足最需要服务的老年人与需要服务的老年人这一基点出发,围绕政府购买养老服务兜底解决失去自理能力并缺乏经济能力的城乡老年人基本养老服务这一最根本任务,保持雪中送炭与锦上添花的相得益彰,因应作出合理的区别对待(并防止不合理的同等对待),从而在政府财力有限、量力而行下实现政府购买养老服务效益的最大化。

例如,2013年《国务院关于加快发展养老服务业的若干意见》明确要求公办养老服务机构充分发挥其保障性托底作用,重点为"三无"(无劳动能力,无生活来源,无赡养人和扶养人或者其赡养人和扶养人确无赡养和扶养能力)老年人、低收入老年人、经济困难的失能半失能老年人提供无偿或低收费的供养、护理服务。又如,依前所述的2018年《河南省政府购买养老服务实施办法(试行)》第 5 条关于服务对象的规定,较之于不少地方实施办法在此方面的不当忽略,可以说其较好地体现了雪中送炭的兜底性要求。再如,2014 年《海淀区政府购买养老服务实施办法(试行)》规定:"具有本区户籍且实际居住在本区域范围内,符合下列条件之一者按无偿和低偿原则由政府购买养老服务:(一)无偿服务对象:1. 低保和低收入家庭中的 60 岁以上失能老人、城市"三无"和农村"五保"老人;2. 低保和低收入家庭中的 70 岁以上独居、孤寡老人;3. 60 岁以上失独失能老年人和 80 岁以上失独老人。(二)低偿服务对象:独生子女照顾 80 岁以上重度失能老人的家庭。"显然,这一兜底规定同时又体现出了合理的区别对待,甚为难得。

(三) 重视农村的平等对待

我国农村老年人总数快速增加、空巢老年人不断增多,城乡差距导致养老服务不均衡问题日益凸显,农村养老服务问题已经成为关系到我国民生、社会公平以及切实贯彻实施"乡村振兴战略"中的一桩大事。

一方面,政府购买农村养老服务问题更加突出,只有极少数经济发达地区具备条件的地方政府才会实行政府购买农村养老服务。王静(2015)概括指出:一是农村老年人多,对养老服务需求量很大,呈现供不应求的态势;二是农村地区缺乏专业的提供养老服务的社会组织和企业,竞争不足;三是对提供服务的社会组织和企业的监督不足,管理主体能力有限。另一方面,我国很多养老服务的规定大多局限于城镇,忽视或剥夺了农村老年人享受养老服务的平等权,没能做到城乡统筹发展。

事实上,正是由于农村公共服务意识明显较弱、社会组织等社会力量培育不足、社会组织和"两委"职责不清、对外宣传力度与手段滞后等多重桎梏,使得农村政府购买养老服务等公共服务推进工作更加不易。因此,针对问题突出的政府购买农村公共服务这一瓶颈,必须长远立足城乡统筹发展,特别重视并大力开展面向农村的政府购买养老服务,切实贯彻实施"乡村振兴战略"。

对此,2013 年《国务院关于加快发展养老服务业的若干意见》提出的主要任务之一便是"切实加强农村养老服务",同时还设定了 2020 年达到"90%以上的乡镇和 60%以上的农村社区建立包括养老服务在内的社区综合服务设施和站点"的发展目标,以及健全服务网络、拓宽资金渠道、建立协作机制的主要任务。而且，2014年《财政部等关于做好政府购买养老服务工作的通知》也专门提出"加大对基层和农村养老服务的支持"。又如，《四川省关于加快发展养老服务业的实施意见》（川府发〔2014〕8号）要求"到2020年，全面建成以居家为基础、社区为依托、机构为支撑、功能完善、规模适度、覆盖城乡的养老服务体系"，并强调"重视和发展农村养老服务"。而且，《四川省人民政府办公厅关于推进政府向社会力量购买服务工作的意见》（川办发〔2014〕67号）还针对60周岁以上的散居城镇"三无"老人特别规定了散居农村五保供养对象。同时值得肯定的，也正是为了积极面对农村困境并加以有效破除，成都市在2014年8月启动、2015年全面推进了在农村（社区）向社会组织购买公共服务的相关工作，并着力通过强化社会组织培育、明晰社会组织职能边界、加大政府购买服务宣传、严格社会组织管理和考核等，切实推进农村公共服务供给的成效与创新。

显然，基于分配正义的基本理念，政府购买农村养老服务中的平等对待问题必须得到高度重视，并得以充分考量与切合实际的统筹解决，本书所探讨的法治进路也都是在城乡统筹视域下而言的。所以，我国政府购买养老服务对象不仅包括城乡居民，基本养老服务方面更不能失之偏颇于农村老年人，并应如《青岛市政府购买养老服务管理办法》规定那样，"重点安排与基层和农村老年人生活照料、康复护理、精神慰藉等密切相关的项目"。

第二节 消除购买内部化，推进社会组织自治化与市场化

一、养老服务组织的中坚力量：社会组织

社会组织，也称民间组织抑或（民间）非营利组织（Non‑Profit Organization，

NPO)①，与其相类似的词汇还有非政府组织、公民社会组织、第三部门（因其独立于政府和企业外而被称为有别于政府与企业的"第三部门"）等。值得注意的是，对于所称的民间组织或民间非营利组织，在中国有时被官方翻译成为Non-Governmental Organization，简称NGO，以此体现政府希望政社分开的改革取向。尽管NPO与NGO并无本质上差异而一般也可互用，但严格来讲，发源于20世纪80年代并简称为NPO的民间组织，毕竟不能完全等同于简称为NGO这一兴起于20世纪70年代并带有更多国际政治意蕴的非政府组织。简言之，社会组织就是指政府组织以外不以营利为目的，盈余和清算后的剩余财产只能用于社会公益事业，不得在举办者及成员中分配的社会实体。关于社会组织的基本特征，萨拉蒙针对非营利组织所提出的基本特征便得到了大多数学者的认同，认为其主要体现为五个方面，即自愿性、非营利性、组织性、民间性、自治性。

在我国，社会组织这一称谓自2007年党的十七大之后才正式使用，主要指党政机关、企业事业单位外，由各级民政部门纳入登记管理范围，具有业务主管单位并且许多甚至拥有半官方性质的社会团体、社会服务机构（原民办非企业单位）和基金会三大类民间非营利组织。社会组织作为社会结构的重要组成部分，构成社会治理的微观基础，其与政府、企业共同构成当代社会的三大支柱，其发展情况已成为衡量一个国家或地区社会事业发展水平的重要指标之一。自20世纪80年代以来，无论是在发达国家还是在发展中国家，都致力于各种社会问题的解决，社会组织成为现代多元化社会的减震器、黏合剂与助力器。

事实上，"自20世纪80年代西方发达国家以政府竞争性购买方式改革公共服务供给方式以来，政府购买服务已经成为发达国家公共服务提供的主要方式"（林闽港和周正，2014）。就政府购买养老服务或者政府向社会组织等社会力量购买养老服务而言，作为现代公共服务供给的主要手段，它本身具有公共性与公益

---

① 1998年，国务院将设立于民政部的原社会团体管理局改为民间组织管理局，"民间组织"一词自此作为非营利组织的中国官方用语并开始被正式使用。例如，在2005年财政部实施的《民间非营利组织会计制度》以及原劳动和社会保障部、人事部、民政部、财政部《关于事业单位、民间非营利组织工作人员工伤有关问题的通知》中，正式使用了"民间非营利组织"，而2008年《企业所得税法实施条例》第84条则首次明确界定了"非营利组织"概念。

性。也就是说，维系政府购买养老服务成效的社会力量，主要包括但又不限于社会组织这一非营利组织，还可拓展至营利性企业①——其实，非营利性的社会组织与营利性的企业组织均可从事公益性事业。尽管如此，作为社会力量的中坚力量，社会组织不仅不可或缺而且更待包括《社会组织法》等顶层设计上的制度强化②。

还须特别辨明的是，对于传统上常常将非营利性与公益性混淆对待与不当使用的做法，有学者深入揭示道：实质上这两者并非对等的概念。非营利性是指组织的行为目的和行为结果，公益性是指组织的功能、作用和惠及程度，更狭隘的理解可以指行（事）业。以社会福利为例，这是扶持救助弱势群体项目，无疑归属于社会公益事业。但在社会福利社会化的今天，我们不能说鼓励发展营利性的民办福利机构就改变了社会福利事业的公益性，它仍然具有扶助社会弱势群体的效能。反过来在非传统公益事业领域，如果设立非营利性的民间机构也不会改变该行业的基本特质。可见，在传统公益性事业领域可以设立营利性的民间机构，在非传统公益性事业领域也可以设立非营利性的民间机构。事实上，随着我国经济社会体制的不断深化改革，各个领域都已呈现出营利性组织与非营性组织并存竞争发展的格局（李崇义，2003）。

二、社会组织的去内部化：自治化与市场化

（一）去内部化的必要所在

在政府购买养老服务中，政府与社会组织之间的关系应该是"基于功能耦合

---

① 其实，社会力量并非仅限于社会组织而是范围更宽。有学者就此指出：从近年中央政府颁布实施的养老政策来看，公私合作的政策主张愈发明显，特别是养老服务承接主体由社会组织向社会力量的变化，体现出我国政府在解决老龄化问题上国家与社会通力合作的基本思路。参见周兆安、周涛、张旻宇：《关于政府购买养老服务指导理念的思考》，《中国民政》2015年第24期。

② 《社会组织法》定位为我国非营利领域的基本法、组织法、促进法，其基本目的是保护公民结社自由，促进非营利事业规范发展，促进社会建设以及社会领域的制度创新，为非营利组织的发展提供一个自由、规范的社会环境。例如，北京大学法学院非营利组织研究中心就曾为此起草了《非营利组织法专家建议稿》（共10章164条，包括总则、非营利组织的设立、组织机构、合并与分立、非营利组织的财务和会计、外国非营利组织的分支机构、非营利组织的监管、附则等内容），即贯穿了三项基本精神：一是宽松的设立环境；二是规范的治理结构；三是严格的监管制度。值得强烈呼吁的是，对于《社会组织法》这一社会组织顶层设计的基本法，可谓专业酝酿已久、社会翘首以盼、时机已然成熟，我们期待全面加快该法的立法步伐，早日出台。

和根本利益一致的前提和基础,为保持持续良性协作,让渡部分权利或利益,以实现养老需求供给共同目标的一种互惠共赢关系"(李娟和丁良超,2019)。显然,二者之间这种协同互动的平等关系必然要求社会组织保持其应有的独立性及进而获得的竞争力,合同制购买这一理想模式下更是如此。否则,即如萨拉蒙(2002)曾经说过的,"社会组织现处于高度危险的情况中,渐渐与社会公众失去接触与联系,许多社会组织依附于政府部门,成为政府职能部门的延伸主体,与政府部门几乎没有任何差别"。

现实中,我国社会力量承接政府职能时多表现出量少、面窄、权小等方面特点,并因市场化不足而往往导致内部化问题,严重影响了政府购买养老服务的市场化改革与发展。这一内部化不仅本身违反了上述基于公平根本的平等对待原则,而且并没有改变原来的政府垄断,反而会产生新的政府垄断风险。对此,即使在市场经济相对完善的美国,也仍然存在垄断风险。例如,在有关美国堪萨斯州政府购买老年医疗服务的研究中发现,老龄问题区域机构这个社会组织经常获得此项公共服务,经常性地与政府开展合作关系,并且垄断了老年医疗领域,政府在制定购买标准、购买条件时必须与这个社会组织的条件相一致(郭彦宏,2014)。

就我国而言,作为政府购买养老服务承接主体的社会力量,诸如前述归于社会力量范畴并属于社会组织或者各类企业性质的养老服务组织,长期以来,不少都在事实上与政府之间长期存在着这样那样的关系。例如,在政府单向主导现实下,有的是在地方政府发起或倡导下成立的,因而成为政府部门的附属或延伸,甚至有些是在接到政府特定购买任务后专门成立的政府分支机构,以致政府购买内部化现象严重,此种由政府单向主导的购买风险也不断加大①。又如,在如前所述的政府购买养老服务实践中,相对于不涉及委托而是经过招标或谈判等竞争方式形成契约关系的合同制(合同购买)这一最重要选择,委托制(广义上包括体制外的委托购买、体制内的形式购买)则是政府以定向方式或指定方式向特定社会力量或事业单位进行购买而并未在全社会全面推开的一种内部化模式。即

---

① 实践中,政府单向主导形成了畸形的购买方式,公共资源往往涌向单个或几个符合资质、综合能力强、与政府存在附属关系的养老服务组织上,从而导致事实上只存在形式上的竞争,并由此致使政府单向主导的购买风险不断加大。

是说,政府作为购买主体根据需要设计专项项目,向其附属的或者选定的养老服务组织下发通知,而养老服务组织则根据项目要求提供养老服务,也可根据需要主动提出有关项目申请,政府经该内部评审以非公开立项方式予以支持。显然,这种排除竞争的内部评审在简化选择环节的同时也引发了承接主体参与不平等的风险,如此之下的内部化在所难免。所以说,"政府与社会组织之间在购买公共服务方面的合作,常常是建立在熟人关系或者感性认识基础之上的,这一状况应该予以改变"(王浦劬和萨拉蒙,2010)。

有鉴于此,应当针对不同购买模式而有的放矢地消除购买内部化。例如,从体制内依赖关系非竞争性购买的形式购买这一应予基本摒弃的典型内部化模式,转向在我国现行体制下较少见到的依赖关系竞争性购买;又如,从体制外独立关系非竞争性购买的委托购买这一我国政府购买养老服务中最常见但又明显缺少竞争性和透明性的特殊内部化模式,转向独立关系竞争性购买的合同购买这一政府购买服务规范化、标准化、现代化的最普遍合同外包模式。正如之前所言,在直接购买服务意义上,从内部化的非竞争性购买转向公开透明并注重独立第三方专业评估与监督、凸显成本最小化与成效最大化的竞争性购买,理所应当也是大势所趋。

需要强调的是,要重申"法无禁止皆可为"的私法理念,大力摒弃双重管理与非竞争性购买的内部化弊端,聚力推进与行业协会、商会脱钩改革、社会组织培育发展相衔接的社会力量自治化、市场化,为社会力量承接养老服务构造一个公平竞争的法律环境。

事实上,从相继颁发的各种规范性文件来看,我国政府就购买社会组织公共服务的制度化建设步伐不断加快。例如,国务院2001年发布的《中国农村扶贫开发纲要:2001—2010》提出"要积极创造条件,引导非政府组织参与和执行政府扶贫开发项目",第一次在文件中就某个具体领域提出政府购买服务的思路。又如,2007年《国务院办公厅关于加快推进行业协会商会改革和发展的若干意见》(国办发〔2007〕36号)提出"建立政府购买行业协会服务的制度,对行业协会受政府委托开展业务活动或提供的服务,政府应支付相应的费用,所需资金纳入预算管理",首次从国家层面把行业协会纳入到承接主体行列,扩大了政府购买服务承接主体的范围。再如,积极契合社会组织①的脱钩改革要求,"原办法"第 10 条规定:"购买主体应当在公平竞争的原则下鼓励行业协会商会参与承接政府购买服务,培育发展社会组织,提升社会组织承担公共服务能力,推动行业协会商会与行政机构脱钩。"

（二）去内部化的重点应对

申言之,为有效消除社会组织内部化,应从以下互有关联的六大方面来强化社会组织自治化、市场化,营造一个有利于社会组织公平竞争发展的法治环境。

1. 推进政社分开改革

政府购买养老服务是构建多元参与的公共管理新格局的产物,需要政社分开,而政社分开（以及相伴的政事分开、政企分开）是我国政府购买养老服务的基本方向,也是政府购买养老服务的基本理念之一（周兆安等,2015）。为解决好内部化这一痼疾,要大力推动社会力量与行政机构的脱钩改革,特别是对社会组织要贯彻落实 2013 年《国务院机构改革和职能转变方案》关于"重点培育、优先发展行业协会商会类、科技类、公益慈善类、城乡社区服务类社会组织"的专门要求。也就是成立这些具体以社会服务机构、社会团体、基金会为组织形态的社会组织,直接向民政部门依法申请登记,不再需要业务主管单位审查同意。值得注意的是,2018 年《政府购买服务管理办法（征求意见稿）》第 13 条也明确规定:"各级政府及其有关部门应当加强对行业协会商会通过公平竞争参与承接政府购买服务的指导和引导,提升其承接公共服务能力,推动行业协会商会与其行政主管机构脱钩和转型发展。"

2. 加强承接能力建设

积极创造有利于社会组织公平竞争的法治环境,包括通过上述推进与深化改革、完善下述"三大条例"等有关立法、放宽社会组织准入条件②、完善财政支

---

① 说明一下,按照"新办法"规定,作为承接主体的社会组织并不包括由财政拨款保障的群团组织。

② 针对国家特别是地方养老服务承接主体准入条件门槛过高的弊端,应当坚持低门槛、重服务、严筛选的遴选原则,适度放宽或降低社会组织等社会力量的准入条件（同时对承接主体服务人员也应有相适宜的必要资质和专业要求）。这样,不仅可以在国家宏观层面对养老服务承接主体进行基本筛选,同时还能因地制宜地选择更为合适的承接主体提供养老服务。

持与税收优惠制度[①]以及探索设立专项基金等,大力提升社会组织在竞争性购买市场上的承接能力。从现实来看,我国尚处于探索发展阶段的养老服务购买市场还存在着严重不足,而购买市场的自身不成熟,又难以通过优胜劣汰的市场法则筛选出优质的养老服务承接主体。实践中甚至若非政府有购买需要,也就不会存在承接主体,或者即使存在承接主体,但其承接能力较弱、资质较差[②],可供政府选择的适格较少,乃至于这种情况在发达地区或者购买公共服务较成熟的地方也依然存在。如此一来,正因为选择范围有限,政府只能采取非竞争性购买或者定向委托的方式来购买公共服务。所以,亟待优化社会组织等社会力量公平竞争发展的法治环境,并积极采取如上举措来依法提升其承接能力。

3. 加快"三大条例"修法

在坚持公平竞争原则下,按照《社会服务机构登记管理条例(〈民办非企业单位登记管理暂行条例〉修订草案征求意见稿)》《公司法》等各类承接主体所对应的组织法,包括我们建议制定的《政府购买养老服务管理办法》《养老服务促进法》等,规范并促进社会力量成为法律上具有独立人格的自治主体,依法独立行使养老服务权能并承担法律责任。

我国既有市场准入规则,可谓重管理、轻服务、过严苛且散乱不一、缺乏具体性与系统性,严重滞碍了社会组织的规范运作与发展壮大,严重打击了社会组织进入养老服务业的积极性。鉴于此,必须大力改观并系统完善包括"三大条

---

① 有人就此指出:在我国现行企业所得税法中,政府购买社区养老服务中提供养老服务的企业并不在可以免征企业所得税之列,这不利于减轻承接主体的资金负担,也与提供养老服务的福利性质不符,应将政府购买社区养老服务承接主体提供的养老服务纳入免征所得税项目。参见郑莹、高源:《政府购买社区养老服务的法律规制》,《光明日报》2017年5月16日。

② 值得注意的是,各地在实践操作中一般是以非营利组织的合法资格作为承担政府购买公共服务的准入条件。但社会组织承担政府购买公共服务的资质条件完全不同于社会组织的合法资格认定。社会组织资格的合法性认定只是解决了社会组织是否合法的问题,而社会组织承担政府购买公共服务的资质条件则是一个反映社会组织服务条件、服务能力、服务水平的一套制度系统。所以,一个合法存在的社会组织并不一定必然具有较高的服务能力和水平。参见李海平:《政府购买公共服务法律规制的问题与对策——以深圳市政府购买社工服务为例》,《国家行政学院学报》2011年第5期。

例"修法等在内的市场准入以及退出规则和机制①。否则,"政府单方面设置较高的登记条件和严苛的管理制度,事实上变成了政府基于管理的需要替社会进行选择,这无疑会造成大量的民间社团组织无法获得合法的生存空间"(胡海,2013)。

值得关注的是,我国社会组织"三大条例"修法进程正在加快。按照国务院和民政部2016年的立法计划,为了更准确地反映社会服务机构的定位和属性,将"民办非企业单位"名称改为"社会服务机构",将现行《民办非企业单位登记管理暂行条例》名称改为《社会服务机构登记管理条例》,2016年5月即形成了《社会服务机构登记管理条例(《民办非企业单位登记管理暂行条例》修订草案征求意见稿)》。另外,民政部还于2016年5月、8月先后公布了《基金会管理条例(修订草案征求意见稿)》《社会团体登记管理条例(修订草案征求意见稿)》。显然,我国社会组织"三大条例"修法进程加快,为《社会组织法》的未来制定奠定了极为必要的前期基础。

4. 普遍推行合同购买

为有效消除购买内部化,如前所述,相对于政府购买养老服务模式中易于内部化的形式购买与委托购买,合同购买尽管尚未实现普遍实行,但其有效克服了前两者的明显缺点,最大化契合了市场化、规范化、契约化的现代化要求,当为我国政府购买养老服务所要努力实现的理想模式。

5. 强化绩效管理与监督机制

严格按照既有法律法规规章等的相关规定,并如前文"改观购买失范,规范流程、强化绩效、全面监督及明确责任"中所述,建立健全政府购买养老服务的规范化流程,强化绩效管理与全方位监督机制,全面防范并尽可消除购买内部化现象。

6. 推进基本立法,加强专门立法

针对多由地方规范性文件所致的政策性内部化问题,有人就此指出:政府购

---

① 长期以来,原本自然而然的破产等市场退出问题却得到了不应有的忽视和冷遇。而令人惊喜的是,这一问题得到了国家层面的重视与强力推进。其一,由国家发改委牵头会同有关部门研究起草、涉及办理破产等内容而力图"破解痛点难点堵点"的《优化营商环境条例》,于国务院于2019年10月23日公布。同时,这也是2019年继《外商投资法》于3月15日通过之后又一部关乎营商环境建设的重磅法规。其二,更令市场振奋的是,国家发改委等13个部门于2019年7月16日联合印发的《加快完善市场主体退出制度改革方案》,在激发市场主体竞争活力、推动经济高质量发展方面,可谓意义重大而深远。

买养老服务的相关法律文件数量较少且立法层次不高,形式以地方政府发布的通知、实施意见等文件为主。而城市区级或者上一级政府是制定文件的主要行政主体,政策法规效力较低,无法在法律方面作出明确界定。这些政策法规通常是对中央相关规定的解释,没有具体到实际操作规范上,很多地方政府对申请项目的审核、服务承接者的选择等方面规定宽泛,缺少切实可行的操作指引,在执行过程中缺乏强制力。由是,"这种情况造成政府对服务承接组织的行政干预较强,服务生产方成为政府的职能延伸部门或者政府的代理人,购买服务变成政府内部行政行为"(陈爽,2016)。有鉴于此,我们特通过"加快政策法规体系构筑,实现'硬法软法和谐共治'"中的推进基本立法并加强专门立法的法治进路,以此来有效消除内部化。

第三节 走出购买单向合作误区,恪守契约精神并强化合同治理

一、摒弃单向合作

政府购买养老服务的契约化必然要求政府与养老服务组织之间的购买合同建立于平等协商基础上。然而,相对于政府一方的社会力量往往因其固有弱势而缺乏足够的谈判能力,购买合意大多变成了单向合作,以致内部化情形下更易如此。显然,如此订立、履行的购买合同,明显有违意思自治的合同理念与《合同法》以及政府购买养老服务制度的基本规则,并终将危及政府购买养老服务的目标与效果。反之,也只有通过明晰政府购买养老服务法律关系,准确定位并依法实施,才能有效摒弃单向合作,有效维护各方权益。

二、明晰法律关系

(一)定性认识的莫衷一是

长期以来,政府购买养老服务合同性质为行政合同,或者民事合同,抑或其

他？政府购买养老服务法律关系如何厘定？对于这些维系政府购买养老服务法治的基本问题，理论界及司法实践中一直存有争议，莫衷一是。而德国行政法学家毛雷尔（2000）曾说，"行政机关参与的合同是行政合同还是私法合同，明确这个问题具有重要意义，它决定着应当适用哪种合同法，采取何种责任规则，存在何种执行方式，以及发生争议时可以诉诸何种法律途径"①。

1. 主要纷争

（1）特别是行政法学界，几乎持行政行为说或行政合同说②。持该观点者基本认为，政府购买养老服务行为属于行政活动，因为政府为社会公众购买养老服务的目的是为了履行政府职能，而且政府购买养老服务的资金来源以及购买程序等方面均受政府控制，所以，政府购买养老服务行为属于政府履行公共服务职能时的行政活动。并且，政府购买养老服务合同就是一种行政合同并有其特别之处，王名扬（1987）就行政合同指出：一方面具有普通合同的契约性质，如通过双方协商一致签订，明确规定双方的权利义务、法律责任、纠纷解决方式等；另一方面，由于合同一方是代表公共利益的政府，该合同还负有实现国家政策、维护公共利益的功能，因此政府地位与承接者并不完全平等，政府具有在特定情形下单方面变更、撤销合同，或者要求供应商遵守特定条款的权力。

（2）与上述相反的，则有民事行为说或民事合同说。持该观点者基本认为，政府购买养老服务的购买主体虽然是政府，但是政府在购买养老服务过程中并未行使公权力，而是以平等的交易主体身份与养老服务供应商进行的一种市场交易行为，按照民法中契约精神签订的养老服务购买合同，由养老服务供应商向第三方主体履行提供养老服务义务，因而政府购买养老服务行为属于一种民事行为，该购买合同属于一种民事合同。

值得注意的是，一些地方政府规章也持有这一态度。例如，2009年《宁波市政府服务外包暂行办法》第3条即明确规定："本办法所称政府服务外包（以下简称服务外包），是指行政机关将社会管理、公共服务、后勤服务等技术性劳

---

① 需指出的是，毛雷尔所在的德国与法国、西班牙的一般性公法对待恰恰相反，在传统上基本是运用私法来处理政府购买公共服务问题的。

② 行政合同说实有传统行政合同说与现代行政合同说之分。相对于多元吸纳、积极拓展中的现代行政合同说，以下一般所称的行政合同说更多是就传统行政合同说而言的。

务类事务,委托给具备条件的企业、科研机构、高等院校或其他组织(以下统称承包商)履行,并支付相应报酬的民事法律行为。"又如,2011年《湖南省政府服务规定》第119条规定:"通过特许经营、政府购买、服务外包等方式提供政府服务的公共企业事业单位、社会组织,违反服务合同的,依法承担民事责任。"

(3)对于政府购买服务中所体现的多元法律关系,胡敏洁(2016)判定为"行政机关(服务购买者)与私主体(服务提供者)之间的合同关系(监管责任)、私主体(服务提供者)与公民(消费者)之间的合同关系或其他私法关系(民事责任为主)、行政机关(服务购买者)与公民(消费者)之间的公法关系(保护性责任、担保责任)"①。

值得特别关注的是,宋智慧和曹传振(2017)主张在讨论政府购买服务过程中的法律关系时应区分不同情况,认为"在独立购买时,政府与服务对象形成的是公法性质的法律关系;政府与服务组织在购买契约签订及后续阶段形成私法性质的法律关系,在购买主体决定阶段形成公法性质的法律关系;服务组织与服务对象形成私法性质的法律关系。在非独立购买的情况下,政府、服务组织、服务对象相互之间都是公法性质的法律关系"。该说凸显双阶理论,因而也是本书所推崇的。

(4)世界银行(2004)对此的关系判断,即"一是长线法律关系,即存在于政府部门、社会公众、服务承接者之间的法律关系;群众与政府之间的沟通权与政府部门与承接方的合同关系。二是短线法律关系,即群众与承接方之间的关系,群众可向承接组织反映需求,也可对其进行监督与管理"。

此外,诸如"政府与社会组织之间的法律关系是行政合同关系,社会组织与公民之间是间接的关系,政府与公民之间的法律关系是公法关系,即行政给付"(张敏,2015),以及"政府与服务提供组织间以行政合同为基础的行政法律关系,服务提供组织与公共服务消费者之间的行政和民事二重法律关系,政府与公共服务消费者之间以宪法上的公民权为基础建构的授权与被授权、监督与被监督

---

① 一方面,该文强调了第一层面上行政机关的公法责任,包括行政机关对私主体的公法责任、行政机关对公民的公法责任;另一方面,也指出了第二个层面上私主体的公法责任,但这个层面仍以民事责任为主而不宜过大扩张该公法责任。参见胡敏洁:《论政府购买公共服务合同中的公法责任》,《中国法学》2016年第4期。

的关系"(武君宇，2009)等，不一而足。

2. 关于行政合同说

(1) 行政合同的认识。所谓行政合同，依照 2015 年《最高人民法院关于适用〈中华人民共和国行政诉讼法〉若干问题的解释》第 11 条的规定，即行政机关为实现公共利益或者行政管理目标，在法定职责范围内，与公民、法人或者其他组织协商订立的具有行政法上权利义务内容的协议。值得关注的是，2019 年 12 月 10 日公布的《最高人民法院关于审理行政协议案件若干问题的规定》在推进依法行政的法治政府建设、强化政府的践信守诺机制、优化法治化的营商环境等方面可谓正逢其时、意义重大。其中，该解释第 1 条即将行政协议规定为："行政机关为了实现行政管理或者公共服务目标，与公民、法人或者其他组织协商订立的具有行政法上权利义务内容的协议，属于行政诉讼法第十二条第一款第十一项规定的行政协议。"① 这一规定从主体、目标、内容、意思表示四个要素确定了行政协议的内涵：一是主体要素，即必须一方当事人为行政机关；二是目的要素，即必须是为了实现行政管理或者公共服务目标；三是内容要素，协议内容必须具有行政法上的权利义务内容；四是意思要素，即协议双方当事人必须协商一致。应当说，该解释规定，既体现了行政管理活动行政性的一般属性，同时也体现了协议性的特别属性，使得这种核心之于"具有行政法上权利义务内容"的行政协议得以与民事合同区别更为清晰②，并利于"同案不同判"等问题的更好解决。

事实上，"对于'行政合同说'，作为一个大陆法系上长久以来争议不休的行政合同概念，中国法上亦然"(胡敏洁，2016)。所以，行政合同出现始于 20 世纪之后，在相当一段时期内，行政合同是否具有独立意义在我国存有争议。应当说，2014 年修订 (2017 年又进行了第二次修正) 的《行政诉讼法》第 12 条

---

① 类似地，王克稳亦将行政合同定义为行政主体基于行政管理的目的，而与其他行政机关、公民、法人和社会组织在意思表示一致的基础上设立、变更、终止行政法上的权利、义务的协议。参见王克稳：《政府合同研究》，苏州：苏州大学出版社，2007 年。

② 从与民事合同比较上讲，行政合同基本特质则在于：一是订立行政合同的一方必然是行政主体；二是订立行政合同的主要目的是实现行政管理职能，具有公益性，其产生、变更、消灭的是行政法律关系；三是行政合同双方当事人的法律地位并不完全平等，行政主体享有行政优益权。参见张红梅、张露文、艾庆平：《行政合同与民事合同之辨析》，中国法院网，https://www.chinacourt.org/article/detail/2014/08/id/1363317.shtml。

肯定了行政契约的概念，该条款结束了长期以来行政合同是否存在的争议，行政合同得以行政协议的形式写进了行政诉讼法（江必新，2015）。并且，行政合同也得到了司法机关的认同。例如，2015 年《最高人民法院关于适用〈中华人民共和国行政诉讼法〉若干问题的解释》除了第 11 条对"行政协议"进行了明确界定外，还具体规定："公民、法人或者其他组织就下列行政协议提起行政诉讼的，人民法院应当依法受理：（一）政府特许经营协议；（二）土地、房屋等征收征用补偿协议；（三）其他行政协议。"又如，2019 年 11 月 27 日公布并于 2020 年 1 月 1 日实施的《最高人民法院关于审理行政协议案件若干问题的规定》在第 1 条基本界定基础上，还于第 2 条明确了包括"（五）符合本规定第一条规定的政府与社会资本合作协议"的适用范围，以及基于行政协议诉讼"民告官"的定位而在第 4 条明确了"因行政协议的订立、履行、变更、终止等发生纠纷"中行政机关的被告资格，等等。

但就本书有别于传统行政合同说而更体现双阶理论的混合说主张而言，有四点须特别明确：第一，《最高人民法院关于审理行政协议案件若干问题的规定》的发布意义可谓重大，不过也是"一石激起千层浪"。第二，该解释仍然立足于二元论。这不仅不符合该解释第 1 条规定的行政协议，而且最高人民法院在此次释法新闻会上也从所谓 PPP 合同群来表明大多情况下为行政协议、个别情况下又体现为民事合同（当然这也招致不少异议特别是民事合同说坚持者的强烈抨击）。第三，该解释并非是将政府购买养老服务合同直接认定为行政协议。首先，虽然第 2 条明确了包括"（五）符合本规定第一条规定的政府与社会资本合作协议"的适用范围，但如前所述的公私合作也只是在其宽泛意义上的广义使用时才包括政府购买服务，所以，并不等于这类公共服务合同就要一概作为行政协议对待。其次，即便是狭义所指的 PPP 合同亦并非限于行政协议，反而更多的恰恰应是维系 PPP 创新根基的民事合同。再次，第 8 条"公民、法人或者其他组织向人民法院提起民事诉讼，生效法律文书以涉案协议属于行政协议为由裁定不予立案或者驳回起诉，当事人又提起行政诉讼的，人民法院应当依法受理"的诉讼类型转换规定，同样意味着该类合同纠纷并非一律限于行政协议而发生行政诉讼。第四，该解释对行政协议的规定可以说是有别于德国法的传统私法对待而更加体现了法国法的一般公法对待。但尽管如此，我们仍应面对并承认，该解释本身亦可谓是对公共服务合同制度的某种完善，而更重要的是也并不影响我们在此类合同问题探讨上锲而不舍的继续努力。

至于地方立法实践，2008年颁布的地方政府规章《湖南省行政程序规定》在我国开创了地方立法确立行政程序制度的先河，如该规定第93条规定："本规定所称行政合同，是指行政机关为了实现行政管理目的，与公民、法人或者其他组织之间，经双方意思表示一致所达成的协议。"其主要适用事项包括："（一）政府特许经营；（二）国有土地使用权出让；（三）国有资产承包经营、出售或者出租；（四）政府采购；（五）政策信贷；（六）行政机关委托的科研、咨询；（七）法律、法规、规章规定可以订立行政合同的其他事项。"又如，2015年颁布的《江苏省行政程序规定》设专章规定了行政合同，其中第77条规定："本规定所称行政合同，是指行政机关为了维护公共利益，实现行政管理目的，与公民、法人和其他组织之间，经双方意思表示一致达成的协议。"并且规定："行政合同主要适用于下列事项：（一）政府特许经营；（二）国有自然资源使用权出让；（三）国有资产承包经营、出售或者租赁；（四）征收、征用补偿；（五）政府采购；（六）政策信贷；（七）行政机关委托的科研、咨询；（八）法律、法规、规章规定可以订立行政合同的其他事项。"

固然，上述司法解释理应得到尊重与遵守，有关地方政府规章规定也有其值得肯定之处，并有学者基于这些规定认为"在法国、葡萄牙等大陆法系国家中，民营化改革主要是通过行政合同来实现的"，而且"实践中，政府与社会资本合作的 BOT 合同等都是以民事合同的形式出现的，私法上的合同体现的是双方当事人意思自治、契约自由，政府行为难以受到有效的监督，极易造成权力滥用，因此应当纳入行政合同的范畴"（任海青，2016）。不过，若论其实也未必那么简单，因为如若此般地将政府采购径自纳入行政合同，又必然会与《政府采购法》之于《合同法》的适用规定直接形成背离。尤为重要的是，相对于"原办法"以及2018年《政府购买服务管理办法（征求意见稿）》仅仅是第1条将《合同法》作为其制定依据的做法，"新办法"不仅如此，更是增设了第22条这一重要规定，即"政府购买服务合同的签订、履行、变更，应当遵循《中华人民共和国合同法》的相关规定"，可谓意义重大，此将为"理不清理还乱"的政府购买养老服务合同这类公共服务合同的性质认定提供了一个甚为明了的判断基准。

在此必须申明的是，对于行政合同说的把握应当有三：一是本身就存在传统与现代、狭义与广义等意蕴下对行政合同自身的不同解读；二是一些广义所指的现代行政合同说，其实已程度不同地融入了我们所主张的公共服务合同说或者行政私法合同说的现代理念及有效内核①；三是一般而言的传统行政合同说多是在较为严格的传统意义或者狭义下使用的，因而这种行政合同说难免存在局限。

（2）行政合同说的局限。应当说，前述那种更侧重从政府职能展开分析的行政合同说，特别是"政府行使公权力而与承接者地位并不完全平等""政府特定情形下的单方解约权"的理由并不充分。

一是就行使公权力而言。在政府购买养老服务合同中，政府其实是以民事主体身份与作为养老服务提供方的养老服务组织签订合同，而不是以行政主体身份订立合同。加之合同内容亦受私法规范，特定情形下的单方解约权以及因契合市场化机制而合理限制的监督权等，所体现的也并非行政合同中的行政优益权。所以，这种行政合同说观点不仅混淆了政府购买养老服务中政府作为购买主体的缔约身份和政府作为行政管理者的行政身份，而且关键在于政府在依法采取招投标等方式选择承接主体并与之缔约过程中政府并未行使行政权力。

二是就地位不平等而言，诸如：①政府享有特定情形下的单方解约权，尽管这种单方解约权与民事合同中的法定解除权、（事前）约定解除权或（事后）协议解除权存有一定差异，但只是作为政府购买服务合同当事人在合同履行中所应享有的一项特殊权利而已，并不能证明两者在合同地位上的不平等，更非上下级关系。②即便从政府购买养老服务所从属的政府采购关系而言，尽管《政府采购法》并没有明确说政府采购合同就是民事合同，但该法第43条却规定了"政府采购合同适用合同法。采购人和供应商之间的权利和义务，应当按照平等、自愿的原则以合同方式约定"，即明确强调了当事人地位上的平等。③更何况，政府

---

① 例如，即便有学者坚持行政合同说，但也更多认为将公共服务购买合同定性为行政合同，符合行政合同的多元发展趋势，并且可以兼用公法规则和私法规则调整合同行为，具有一定的理论合理性。而且，将政府购买公共服务合同判定为行政契约，既能使公法规则适用于合同，限制行政购买方的权力不被滥用，保障私人提供主体和公众的权益不受侵害，同时适合私法合同规范调整的部分也能受到《合同法》的规制，从而形成对政府购买公共服务合同的全面规范和保障。参见李昂、傅士成：《政府购买公共服务合同的性质探析》，《政法学刊》2017年第1期。

购买养老服务合同实施中还存在政府监督与政府被监督的双向规范，在此意蕴下所体现的也是一种双方平等。

3. 关于民事合同说

有人坚持民事合同说并认为政府购买养老服务合同"本质上属于民事合同，但又与普通的民事合同略有不同，体现在该合同具有某些行政色彩"：第一，基于政府购买养老服务资金的财政公共性以及政府购买养老服务利益的社会公共性，因而对服务对象都有一定限制。第二，履行的公开性。为了保护政府购买相对方或者潜在相对方的合法利益，政府购买养老服务需要公开透明，同时保证老年人的知情权、参与权和监督权，因而合同自由原则要受到一定限制。第三，政府在履行合同过程中享有合同履行的监督权，既是合同履行过程公开性的保障，也是养老服务提供方履行义务具有公共性质的必然要求。而基于政府的介入以及购买养老服务具有一定的公共性，需要赋予政府在合同履行过程中出现损害公共利益情况下单方变更甚至解除合同的权利（刘红梅，2014）。

然而，一是此种从公共性、公开性略有不同、具有某些行政色彩等并不确定的"网开一面"表达来坚持民事合同说，显然，也是从另一侧面揭示了民事合同说本身的偏狭所在。二是张裕（2013）就此反驳道：①尽管政府购买养老服务合同一般会约定"双方当事人在平等、自愿、协商一致的基础上，就有关事宜达成如下协议"，但政府部门作为买方，在购买养老服务时受到相关法律法规的严格限制，必须依法购买，因而养老服务组织的自愿也仅仅体现在是否缔约的自愿。所以，政府出于天然的优势地位，同时还受到法律法规的约束，并非完全的平等、自愿。②养老服务组织应当接受有关部门和公众的监督等规定，这是民事合同所没有的。同时，合同订立的目的具有公益性而与一般的民事合同不同。③该服务的资金都来自财政资金，同时购买的目标涉及公共利益，是为保障老年人的生存权，是国家对公民的生存照顾而非单纯私法性质的权利义务，因而该购买合同不符合完全民事合同的基本要求，它不是完全的民事合同。三是如谭朴珍（2014）所言，"正是因为我国过去对政府购买公共服务合同与一般民事合同不加区分，没能将公共服务合同纳入公法规制范围，才造成前面所分析的国有资产流失、政府责任缺失、贪污受贿等腐败现象日益猖獗等问题。因此，必须重视公共服务合同与普通民事合同的区别"。

4. 关于公共服务合同

在政府购买养老服务关系中，政府购买养老服务合同是指政府将其职责范围且适合以市场化方式提供的养老服务事项，通过与具备养老服务资质条件的养老服务组织签订协议，由养老服务组织向符合一定条件的老年人提供养老服务，政府根据约定并经绩效评价向其进行费用上财政支付的合同。

须特别注意并准确定位的是：①政府购买养老服务合同作为一种公共服务合同，与国外的公益合同或政府合同含义相似。公益合同或政府合同是指一方当事人为政府机关，另一方当事人为普通民事主体，其内容是兴建公共设施或提供公共服务的合同。②在公共服务领域，合同被广泛地运用来解决公共服务的提供，出现了一种史际春所称的合同异化现象①。目前对合同的众多分类中尚未有公共服务合同的概念，但公共服务合同本身有其特殊性，不能简单以民事合同或行政合同待之。王花（2007）即以公共服务合同概念为基础，从构建一整套法律规范体系角度考虑，补正此类合同所引发的法律规制缺陷。③本身作为一种公共服务合同的政府购买养老服务合同，构成了一并具有民事合同与行政合同双重性质、属于介于其中同受公法私法规范的一种特殊的为第三人利益合同。因此，无论是只强调公法而忽视私法意义的行政合同说，还是只强调私法而忽视公法意义的民事合同说，均显其偏狭之处。正如胡敏洁（2016）所言，"当下包括政府购买公共服务合同在内的诸多合同，由于其主体、内容、类型的多样化，使得很难对其进行简单的公私合同属性认定，反倒更需要借助公私合力来共同实现合同目标，简单机械地一刀拦断并不利于实际问题的解决"。故而，本书即持第三种意义上的混合说，即行政私法合同说。

借此而言，即便从政府购买养老服务与其所从属的政府采购关系言之，政府采购合同虽一般适用《合同法》但要特别适用《政府采购法》的，它本身也存在行政合同说、民事合同说、混合说的争论。而这里的混合说，即行政私法合同说。其中，行政私法行为是指呈现公法私法交融的现代法治下行政主体运用合同等私法方式完成特定的给付行政任务，而行政私法合同就是行政私法行为的表现形式。本来，行政私法行为（Verwaltungsprivatrecht）是一个纯学理概念。在德

---

① 有关研究可详见史际春、邓峰：《合同的异化与异化的合同》，《法学研究》1997年第3期。

国,新公共行政法学派代表人物沃尔夫教授于1956年提出了这一概念,即"若公法规范课以国家给付义务或引导之公共行政任务,而国家以私法行为方式追求该公共行政之目的,在以私法方式执行直接行政任务时,行政机关仍受特定公法原则和规则的约束,即出现了行政私法"(许宗力,1998)。

此前,与行政私法行为相关联(但也并非完全适用)的还有德国学者Ipsen教授于1951年在分析有关政府拒绝提供债务保证案例中提出的行政法上至今仍充满争议的双阶理论,即一个行政给付行为包括公法性质的做出决定与私法性质的缔约实施二个阶段。换言之,政府购买公共服务纠纷分为合同授予争议和合同履行争议的理论基础是德国的双阶理论,即是指行政私法行为可分为前后两个阶段(这也被称作拆分模式):前一阶段是否进行行政私法行为属于公法问题,受公法调整;后一阶段如何进行行政私法行为属私法问题,受私法调整①。

就基于此的纠纷解决方式而言,一是政府在决定资助的合同授予阶段,以及在缔约后的合同履行阶段行使指挥权、监督权、单方解约权、制裁权等行政优益权而引发的纠纷,解决方式即包括我国《政府采购法》第六章"质疑与投诉"所规定的询问、质疑、投诉、行政复议及行政诉讼。二是如我国《政府采购法》第43条规定的"政府采购合同适用合同法",就是明确因合同履行过程中引发的私法纠纷依据民事合同纠纷进行处理,且这些纠纷处理方式主要包括协商、调解、和解、仲裁和民事诉讼。

应当说,行政私法行为理论及实践在西方国家日显成熟,并如张昌瑞和李家宝(2013)指出的那样,"随着国家行政走出'守夜人'的消极角色,行政国家的理念要求政府承担繁多的给付行政、生存照顾等义务。而传统高权行政行为因僵化以及受到法律保留严格约束的缘故,无法适应行政手段多元化的趋势。行政私法行为则克服了行政高权行为的缺陷,体现了协商民主和成本效益的理念,因而被广泛应用到现代行政生活之中"。不过,时至今日仍令人遗憾的是,行政私

---

① 有关分析与阐释详见王锴:《政府采购中双阶理论的运用》,《云南行政学院学报》2010年第5期;胡朝阳:《政府购买服务的法律调整体系探析——以代理理论与双阶理论为分析视角》,《学海》2014年第4期;李宁:《我国政府购买公共服务的纠纷解决机制及其完善》,《山东大学学报》(社会科学版)2015年第2期。

法行为在中国行政法学界尚未被定型化,且一般的教科书中也较少提及。然而,理论上虽无其概念并异议不断①,但实践中又确有其实,不能视若无睹。有鉴于此,我们期待这方面的积极回应、必要跟进,努力将其纳入法治化轨道。

(二)纵横关系的亟待厘清

由上可见,正因为种种"雾里看花"而难见其"庐山面目"。其实,"公共服务供给体制厘革,尤其是政府、市场、社会多元协同合作治理的引入,正在不断模糊公私法的边界"(李蕊,2019)。袁维勤(2012)鞭辟入里地指出:"政府购买公共服务不同于传统市场供给机制也不同于政府直接供给机制,其中政府、服务机构、服务对象之间三维关系的公法、私法性质并不明显,应根据三个层次标准系统甄别定性。"并且,"私法机制不能非常适当地提供基本公共服务或者实现平等目标,政府直接提供公共服务的纯公法机制也存在绩效不高、集权等缺点"。所以,应运而生并作为公共服务供给创新模式的政府购买养老服务,兼具了公法和私法上的权利(职权)和义务(职责)关系,体现了公私法融合的纵横特性,即根本上的契约自由与市场管制这一公法与私法基本关系的内核所在。

就政府购买养老服务法律关系而言,我们认为,该法律关系是指由法律规范确认,作为购买主体的政府、承接主体的养老服务组织、服务对象的老年人三方主体在政府购买养老服务过程中所发生的,呈现公法私法融合纵横关系的社会经济关系。总而言之,这一特殊的三维关系基本涵括:政府与作为服务对象的老年人之间的行政给付关系;政府与作为承接主体的养老服务组织之间的基础性公共服务合同关系;以及养老服务组织与受服务老年人之间的该公共服务合同履行关系。

---

① 如有研究者指出:行政私法合同理论虽然为政府购买公共服务合同法律性质的界定提供了一条看似合理的理论路径,但实际上,行政私法合同理论本身也存在一定缺陷,并不能为政府购买公共服务合同法律性质的界定提供有力的法学理论支撑。并且,将政府购买公共服务合同界定为行政私法合同,也无法解决法律适用的实践问题,在具体争议究竟适用私法或公法规范问题上,行政私法合同并不能给出明确的答案,反而导致法律适用的混乱。不过,该文作者在主张将此类合同认定为行政合同是为妥善和合理的选择的同时,终究还是认为政府购买公共服务合同与现有的行政合同存在一定的区别而将其归为了"公共服务委托合同这一行政合同新类型"。参见杨玺:《政府购买公共服务合同法律性质研究》,山东师范大学2016年硕士学位论文。在此尚需明辨的是,在公共服务供给的特定语境下,这种富含别义的新类型行政合同,作为一种行政业务性委托的行政双务合同(或可称之行政业务合同),毕竟有别于行政职权性委托的行政委托合同(或者更准确说行政事务合同)这类行政单务合同。

1. 公法的纵向监管关系

这里所称的公法的纵向监管关系,是指政府对包括出台有关规范性文件、选择符合条件的承接主体并与之签订购买合同、审定符合条件的受服务老年人、根据合同约定并经绩效评价进行费用支付等养老服务购买各阶段活动进行监督和管理所形成的一种关系链。显然,该关系链主要包括了行政管理关系、服务监督关系、争议解决关系等,因而不能将其简单归之为行政法律关系。政府购买服务所蕴含的公私合作治理理念本已使得传统行政法理论面临着巨大的挑战。

申言之,行政管理关系是指国家行政管理机关在对政府购买养老服务事务进行管理过程中所形成的社会关系,争议解决关系主要是司法机关在受理相关诉讼请求和解决纠纷过程中所形成的社会关系。至于服务监督关系,既可以是来自购买主体、财政、审计、监察、民政、市场监管及行业主管部门的政府监督或者内部监督关系,也可以是来自国家机构之外的受服务老年人、其他公民等公众群体、社会媒体,以及受托第三方等的社会监督或者外部监督关系(广义上的内部监督还包括人大、政协、司法机关等监督,当然也有将这些归入另外意义上的外部监督)。对于该监督关系的性质定位,陈爽(2016)指出:从法律层面上说,监管关系属于公法关系而由公法调整。但政府购买养老服务监管关系具有特殊性,从其产生到消灭的各个阶段都体现了国家对社会经济的宏观调控和适度干预,不能等同于行政法律关系,因而将其归属于经济法律关系中的社会分配调控关系更为合适。

2. 私法的横向契约关系

此处所称的私法的横向契约关系,即围绕政府购买养老服务合同的签订、履行、变更、解除等运行过程而产生的参与主体之间的权利和义务关系。"政府购买养老服务合同的本质在于缔约双方以契约为纽带,明确各自在提供养老服务过程中所应承担的义务和享有的权利"(朱玉知和张雯,2009)。

政府和养老服务组织签订购买服务合同后,按照约定由其直接向第三方受服务老年人提供养老服务。所以,政府购买养老服务合同属于一种存在受约人(购买主体)、立约人(承接主体)和第三人(服务对象)三方主体、突破了合同相对性原则的为第三人利益合同,且如王克稳(2011)所主张的维护公众利益的第三人利益合同。兹因政府购买养老服务合同基于维护公共利益而存在相应法定而非约定的行政特权[①]，故而亦非一般民法意义上的为第三人利益合同。

至于一般民法意义上所谓的为第三人利益合同（更多只是独立合同的一项条款，并非独立的合同类型），是指"合同当事人中至少有一方应当向非合同当事人的第三方履行给付义务，合同的对方当事人或者第三人因此享有给付请求权的合同"（张家勇，2007）。吴文嫔（2011）这样解释：立约人（承接主体）对第三人（服务对象）的给付是合同的直接效果，二者之间是直接履行关系。立约人直接向合同之外的第三人履行给付义务，第三人直接获得合同约定的权利或者利益，突破了合同相对性原则，也是受约人（购买主体）间接向受益人给付的特殊方式。

特别指出的是，正因为在为第三人利益合同下，受服务老年人作为利益第三人，政府出于为其提供养老服务的目的才与养老服务组织签订合同，所以，合同相对性原则得以突破或者例外的为第三人利益合同成为受服务老年人请求权利的理论基础。亦如王利明（2002）所言，为第三人利益合同中的第三人享有独立请求权，一旦债务人没有向第三人履行或者履行不适当，那么第三人有权以自己的名义直接向债务人提出请求。然而，我国《合同法》第64条"当事人约定由债务人向第三人履行债务的，债务人未向第三人履行债务或者履行债务不符合约定，应当向债权人承担违约责任"，事实上并未直接规定第三人请求履行的权利，但是，如若第三人未取得请求权则不是真正的为第三人利益合同。张民安（2004）也就此呼吁："我国合同法并未规定一般意义上的利益第三人合同制度，而仅在例外的情况下认可为第三人利益的合同制度。为保护第三人的利益，我国合同法应废除严格意义上的合同相对性规则，赋予利益第三人以合同的强制执行权。"并且，"两大法系国家的法律都承认一般意义上的为第三人利益的合同。借鉴两大法系国家的经验，规定一般意义上的为第三人利益合同，是我国法律应

---

① 例如，法国规定政府所享有的行政特权有：①要求对方当事人本人履行义务权；②对合同履行的指挥权；③单方面变更合同标的权；④单方面解除合同权；⑤制裁权。又如，德国规定政府享有的特权有：①单方面解除合同的权力；②对不履行义务的合同相对一方的强制执行权。另外，我国台湾地区的规定则包括：①行政主体对行政契约的指导与协助；②行政主体对行政契约内容的调整权；③行政主体单方面终止契约的权力；④命令相对人继续履行原约定的权力。转引自王克稳：《政府合同研究》，苏州：苏州大学出版社，2007年。

坚持的原则"①。

值得特别关注的是，十三届全国人大常委会于2018年12月对民法典合同编草案继续进行审议，形成了《民法典合同编（草案）》二审稿，其中第313条便新增了"为第三人利益合同"，如该条第2款规定："法律规定或者当事人约定第三人可以直接请求债务人向其履行债务，第三人未在合理期限内明确拒绝，债务人未向第三人履行债务或者履行债务不符合约定的，第三人可以请求债务人承担违约责任；债务人可以向第三人主张其对债权人的抗辩。"王利明（2019）特此指出："从该条规定来看，其规定了利益第三人合同中第三人所享有的拒绝权、履行请求权以及在债务人不履行债务时的违约责任请求权，这些都是现行合同法未作出规定的内容。第三人实际上处于一种类似于债权人的地位。"之后，在2019年12月16日公布的包括总则编、物权编、合同编、人格权编、婚姻家庭编、继承编、侵权责任编七编内容的《民法典（草案）》（1260条）中，上述条款作为第522条第2款，只是将"债务人可以向第三人主张其对债权人的抗辩"语序调整为了"债务人对债权人的抗辩，可以向第三人主张"（当然也更加清晰了）。最终，这一规定"如期而至"地固化于2020年5月28日通过的《民法典》第522条。

3. 公法私法融合的纵横关系

有研究从政府角度概括道：一方面，政府以非权力的、私法的手段直接进入市场经济生活，以民事主体的身份和私人主体订立合同，具有平等的民事契约关系。合同对各方具有同等的约束力，主体之间互相享有权利并承担义务；另一方面，政府以公共利益为目标，在服务购买过程中享有一定的强制性权力并负担与其权限相对应的职责，如对合同的单方中止、变更和解除权（只有当承接主体的

---

① 当然，也有研究者积极但又审慎地指出：世界上主要国家都十分关注第三人利益的合同法保护，都在立法上予以明确规定。但是在政府合同中第三人保护问题讨论较少，大陆法系注重通过法律解释的方式将第三人利益理论适用于其他领域；美国则将第三人的范围扩大到任意第三人，不再局限于当事人在合同中的约定，而是法律基于正义和事实的考虑而施加给第三人利益。随着各国对合同自由干预力度的加强，这种立法模式会被更多地采纳。若参照美国的做法，不仅政府购买养老服务合同中老年人权益的保护有利，而且对所有的政府合同都有重大意义。只是这种做法毕竟牺牲了合同自由，因此可以借鉴但还需谨慎。参见张裕：《政府购买居家养老服务合同中老年人权益保护问题研究》，天津商业大学2013年硕士学位论文。

行为严重违反法律规定或者合同约定时,政府基于公共利益之正当理由才得以行使该解除权),购买过程中对服务提供的监督权,以及对服务承接者违约行为制裁的公定力(陈爽,2016)。

同时,徐庭祥(2013)从承接主体角度特别指出:"养老服务提供方一方面遵守私法规范的同时,也要受到公法的约束。"① 还有文章对应性指出:在政府购买养老服务下,养老服务提供方只受市场约束,而不是严格的公法规制。但由于没有适当的约束机制,所以会导致其因成本问题而忽略服务的质量。若要保证该合同的公益性以及服务质量,政府必须通过详细的合同条款使养老服务提供方承担相应的公法义务。在美国的政府购买公共服务中,私人主体也应受到公法规范的约束,以此保证购买服务的公法责任(并力避"公法责任遁入私法")。该文还进而指出:正是这种公法规范适用于私人主体产生了美国的公共化(Publicization),而美国行政法学者弗雷曼更是将这种公共化定义为"将公法标准适用于民营化中的私人承包商的过程"。当然,这种公共化必须有一定的限度,否则过度的公共化会抑制养老服务提供方的社会参与(刘红梅,2014)。

因此,政府购买养老服务属于公私协作共同提供养老服务的创新模式,法律规制上反映了单纯依靠私法机制或公法机制都不能有效满足社会养老需求。正如德国学者胡芬(2003)所认为的那样,"国家与公民之间的行为方式和法律关系,在当代已经很少能依照公法和私法的界定截然分开,而被看作由大量相关的规范、信息、债务及均衡措施形成的综合关系"。并如王名扬(1987)所言,"不是行政机关的哪种活动只受公法支配,哪种活动只受私法支配,往往是一种活动同时受公法和私法的支配"。也如德国行政法学者毛雷尔(2000)的观点,即"在给付行政和引导行政领域,只要没有法律规定或者事实理由反对,行政机关就可以选择公法或者私法方式活动"。唯此,方能实现"政府集合同自我规制与合同之外的行政管理于一身"(刘真珍,2011)。

---

① 该文针对我国行政法不具有规范私人承担行政任务的功能,指出德国和法国都将私人承担行政任务纳入了行政法的规范,并通过比较德国主观主义模式和法国客观主义模式以及综合考虑两种模式的功能完善程度和对我国的适应程度,建议我国应选择在安定性和合目的性之间予以调和的相对主义模式。

当然，在前所言及的政府购买养老服务这一典型行政私法行为（政府购买养老服务合同这一公共服务合同即可称为行政私法合同）的意义下，最初提出该概念的沃尔夫教授认为"行政私法行为特色在于行政主体并非完全享受法律行为上之私法的自治，而是服从若干公法上的制约"（高秦伟，2004）。申言之，还有学者如柳砚涛（2005）就行政私法行为的私法适用提出了一系列判断标准：一是必须有法律依据；二是采取必须有利于行政目标的达到，兼顾公平与效率，且公务自身不排斥私法手段或者私法理念；三是应受公法原则的规制；四是不得超出行政主体的职权范围（这里的职权范围主要指事物管辖权和地域管辖权）；五是产生公权力后果或者公法效果；六是关于该行为的救济途径应视行为中有无权力因素而定；七是违法侵权应视不同情况分别引起国家赔偿或者民事赔偿责任；八是其中可以依法赋予行政主体基于公务需要的监督权、适时变动权、奖励权等必要特权，但不能赋予其私法行为中的强制权和处罚权，否则会使私法行为丧失私法理念，或者使私法手段权力化。

总而言之，政府购买养老服务这种引入市场机制的做法，以达到公法效果为目的，采用合同的方式，从而具备公法和私法兼容的双重性质。事实上，"在公共服务供给领域，政府、市场、社会多元协同合作供给的组织构造和行为模式已然超越了以公法、私法二分为根基的法秩序，公私部门的关系不再是当然的对立与隔绝，这使得传统公法私法活动、公法私法关系、公法私法救济等都受到了极大的影响"（李蕊，2019）。如此一来，这种在法律关系上融合了平等民事契约关系和不平等行政权力关系的公法私法融合的纵横关系①，就与经济法律关系具有高度一致性。此即本书以及更多人所持的混合说。

当然，尽管该说完全具备理论上的周延性，却与我国泾渭分明的既有民事或

---

① 如上所言，基于经济法意义上的关系定位，我们强调并使用的是公法私法融合的纵横关系，也有学者类似主张政府购买服务合同属于偏重行政性的混合性合同。参见谭朴珍：《政府购买公共服务的行政法治化研究》，华东政法大学2014年博士学位论文。而与此侧重有所不同的是，有人则认为政府购买居家养老服务合同中的公私法性质有所差异，该合同侧重私法性质，兼具部分公法特征，是更加接近民事合同的特殊合同，即具有行政法特征的民事合同。参见张裕：《政府购买居家养老服务合同中老年人权益保护问题研究》，天津商业大学2013年硕士学位论文。另外，还有人认为政府购买服务的法律关系，是以民商事合同理论为基础建立的，同时其合同目的的实现又需要借助经济法上的规制内容。参见宗佳禄：《论经济法视野下的政府购买服务》，宁波大学2013年硕士学位论文。

行政司法救济制度明显不契合，同时行政合同制度本身尚不完善，加之长久以来受合同属于民事诉讼观念影响而致实践中此类合同争议主要通过民事诉讼解决的司法现状，因而构成了该理论尤其在适用上的最大挑战。故此，需要各方进一步的共同努力，而这也恰是本书专此探讨的目的与价值所在。

（三）法律关系的基本构成

在法律关系结构上，政府购买养老服务通过政府—社会—老年人之间的特定法律关系而展开。"这一法律关系完全契合经济法原理中'国家主体（政府主体）—社会中间层主体—市场主体'之间的权义性构造"，并且对于"权力对权利的约束、权利或获取权力对权力的制衡"的法权互动结构，"在适当的权力约束下释放权利，以规制与激励的方式发挥其能效，是政府购买公共服务契合经济法法权结构的旨归"（郑曙光和骆路金，2014）。

按基本法理，政府购买养老服务法律关系构成包括如下三个部分。

一是政府购买养老服务法律关系主体，即参与政府购买养老服务并在其法律关系中享有权利（职权）和承担义务（职责）的购买主体、承接主体及服务对象（具体见前述"基本概念的分解"所论及）。广义上而言，还应当包括独立的第三方评估机构以及参与社会监督的社会公众等。

二是就一般意义上的政府购买服务法律关系客体而言，"法律客体指向公共服务所指向的法律事实或行为，具体的标的物因民众需求的差异性而不甚一致"（郑曙光和骆路金，2014）。陈爽（2016）从政府购买居家养老服务角度认为："法律关系客体主要包括购买资金和购买项目、服务管理行为和提供行为、质量监管和评估行为、服务受益者的老年人合法权益。"本书认为，政府购买养老服务法律关系客体，即政府购买养老服务所涉的各方利益在法律上的具体表现，主要指前述论及的养老服务项目等购买内容。至于政府购买养老服务合同的标的，即是政府购买、社会提供、老人受用的养老服务之劳务。

三是政府购买养老服务法律关系内容，即购买主体、承接主体及服务对象等法律关系主体所享有的权利（职权）和应当承担的义务（职责）。正是基于政府购买养老服务公私法融合的纵横特性，所以有必要扩展性地将职权和职责、权利和义务作为这一法律关系的基本内容。

在相当意义上，我们可以作这样概括：政府购买养老服务中的法律关系主体基本关乎谁购买、向谁买、为谁买问题，法律关系客体主要关乎买什么问题，而法律关系内容则更加关乎怎么买、怎么保障问题。

三、强化合同治理

在各国现代行政改革中，作为政府治理工具的政府购买养老服务合同等契约被广泛运用于各个领域。显然，政府购买养老服务的首要，必当恪守契约精神，倡导各方的平等、合意、参与，更多使用合同方式明确约定养老服务诸项事宜，特别是要确保权利义务清晰和双方责任明确。而政府购买养老服务的一大核心所在，即是要处理好购买合同问题，特别是要着力解决好其中的合同治理问题。如李蕊（2019）所揭示的，"公共服务供给中从权力向合同的转向，使得政府由权威治理走向合同治理，这是一种与既往以权力为基础的治理大相径庭的方式"，因而"在当下加快推进的养老服务供给改革、全面放开养老服务市场过程中，尤其要着注强化政府对于合同的管理及其监督责任……要基于契约治理框架，强化政府合同治理责任"。

事实上，政府购买养老服务过程本身就是一个合同治理的过程。政府合同治理能力直接影响养老服务的供应质量，而能否达成购买目的关键便在于政府能否进行有效的合同治理。

当然，有必要特别强调一下，合同治理中的风险防范问题。库珀（2007）即从合同治理的角度出发，重点研究了政府在购买公共服务中的风险防范问题①，而在我国对政府购买养老服务合同风险防范问题的关注与规制明显不足下更是不可小觑。政府购买服务风险，包括需求风险、垄断风险、寻租风险、质量风险、评估失真风险等，乃政府购买服务行为达到的实际结果与预期目标影响而发生偏离以及这种偏离所造成的不利影响。针对我国政府购买养老服务实务中解决争端与诉讼所导致的成本增加这一购买风险问题，有文章指出：很多合同的履行是使用私人商谈等非正规的方式，而不是使用合同中规定的具有法律效力的方式。这种私人解决方式和该服务合同的行政私法性、涉他性是隐性成本产生的

---

① 有关内容详见［美］菲利普·库珀：《合同制治理——公共管理者面临的挑战与机遇》，竺乾威译，上海：复旦大学出版社，2007年。

根本。例如，政府与提供方由于各自利益的不一致，或者是关于服务绩效的衡量存在分歧时，会发生争端与诉讼。又如，购买中相关法律制度与政策的变更也通常带来双方的争议。再如，购买的主体之间对政策理解不同，认识存在差异更容易增加争议与诉讼可能（张佩茹，2016）。有鉴于此，购买合同的风险防范必须有效跟进。

由上述可见，正因合同治理重要，故有必要因应强化。国内有学者主张：基于公共合同管理的合同制治理理论，政府需要优化合同治理并将其分为整理、运作和分离三个阶段，以保证政府购买养老服务的正常进行（朱玉知和张雯，2009）。因此，我们认为应从以下四个方面强化合同治理。

（一）基本要求

要恪守最根本的契约精神，并契合多中心治理理论要求，严格按照《合同法》《政府采购法》等规定，依法订立并履行合同。同时，也要注重在此类特殊的为第三人利益合同下重要利益攸关方的受服务老年人的必要参与。

特就受服务老年人的合同参与而言，"从公平的角度来看，政府购买合同是否是以公正和公开的方式缔结，是否存在充分的公共参与，是否遵守了公平公正的程序等问题至关重要"（杨欣，2012）。而从根本上讲，社会公众的满意程度始终要作为政府的一切购买行为的出发点和落脚点。因此，"在达成购买合同的环节，政府、服务供应商和老年人（老年人代表）应就合同细节进行充分协商，以此淡化自上而下的购买过程中较强的政府意志"（李文杰，2018）。进而有人提出，为强化政府购买养老服务合同实施中受服务老年人的必要参与，应"将服务对象的不满意情况作为解除购买合同、追究公共服务承接主体违约责任的法定情形，使服务对象的评价具有法律效力"（杨成和刘潇潇，2016）。对此，2014年《财政部等关于做好政府购买养老服务工作的通知》即特别明确了"要更侧重受益对象对养老服务的满意度评价"，令人鼓舞。

（二）有名合同与示范文本

一方面，1999年颁布的《合同法》并未把政府购买养老服务合同又或养老服务合同[①]作为一种具体的有名合同规定在内，既不利于政府购买养老服务的健康发展，也不利于有效保护老年人的合法权益。在当下民法典编撰这一"千载难逢"之际，虽然将更多富有典型意义的服务合同纳入民法典合同编的社会呼声不小，但十三届全国人大常委会于2018年12月对民法典合同编草案继续审议所形成的《民法典合同编（草案）》二审稿、2019年12月16日公布的《民法典（草案）》以及2020年5月28日通过的《民法典》，也只是十分有限地将技术服务合同、物业服务合同等纳入了其中的典型合同。尽管如此，我们仍建议通过有关立法及司法解释等多途径，将重要性完全不亚于物业服务合同的养老服务合同（其项下再包括政府购买养老服务合同）等典型服务合同尽快实现"有名化"。另一方面，建议制定并推行格式规范、便捷宜用的《政府购买养老服务标准合同》（并可进一步细化分为《政府购买机构养老服务示范合同》《政府购买社区居家养老服务示范合同》），切实促进合同目标及其效果的有效实现。

事实上，我国政府购买养老服务缺少规范的合同文本，各地的购买合同在形式和内容上也存在较大差异，尤其缺乏国家及省级统一的基本标准，不利于合同的签订和履行。因而，如《青岛市财政局关于印发〈政府购买服务合同〉（范本）》的通知》（青财综〔2018〕1号）的做法便值得肯定。特别是2018年《河南省政府购买养老服务实施办法（试行）》将《政府购买养老服务合同示范文本》作为附件的服务于民做法，更值得各地借鉴。还应明确的是，政府部门制定适合于本地养老服务要求的政府购买养老服务标准合同，并不是可以制定，而是责无旁贷，是应当制定。对此，恰恰要从立法上对政府部门提出强制要求，以此在恪守意思自治基础上体现必要的国家适度干预。

---

① 这里的合同包括两种情形：一是在政府购买养老服务情形下，构成了政府购买养老服务合同这一具有公法因素的特殊的为第三人利益合同，一种公私兼容性质的公共服务合同。二是在非政府购买养老服务情形下，养老服务组织与受服务老年人或者其近亲属之间签订独立的具有公共服务合同和委托合同双重属性的养老服务合同。显然，无论是增设有名合同还是推行示范文本，都要相应跟进。对于这两种合同情形，也有文章认为，在政府购买养老服务模式下可能会存在两个合同，一是政府与养老服务提供方之间的政府购买养老服务合同，该合同是为第三人利益合同，老年人作为利益第三人；二是养老服务提供方与老年人或者其近亲属之间的养老服务合同，该合同可能是对政府与养老服务提供方合同中较为笼统的规定进行细化，也可能是老年人基于自身的需要自费购买的其他服务。参见刘红梅：《居家养老服务合同中主体责任研究》，天津商业大学2014年硕士学位论文。

（三）合同监管

养老服务的质量不仅取决于购买合同的质量，也取决于政府监管购买合同（以及如何与亟待强化的社会监督相得益彰）的水平与能力。然而，"在实际操作中，政府在与服务生产者签订合同后，往往难以对合同的履行情况进行有效的评价和监督……尤其是缺乏专门的人员对服务提供过程的技术问题的监督"（王浦劬和萨拉蒙，2010）。所以，加强政府对购买合同的监管既是政府责任，也是现实必需。其实，政府在购买养老服务中本应充当的正是监管者身份而非养老服务的实际提供者。如前所言，现代政府已从服务提供者到服务购买者再到服务监管者及引导者了。并且，政府最主要责任就是监督养老服务组织是否按照合同约定为受服务老年人提供了高质量的养老服务。

（四）立法规制

一方面，基于强化合同治理的法律规制，除前述之有关涉及，"新办法"规定值得特别关注。如前所述，"新办法"不仅只是在第1条将《合同法》作为其制定依据，更是增设了第22条即"政府购买服务合同的签订、履行、变更，应当遵循《中华人民共和国合同法》的相关规定"这一重要规定，意义重大，其将为"理不清理还乱"的政府购买养老服务合同这类公共服务合同的性质认定提供了一个甚为明了的判断基准。

另一方面，"新办法"又在全面遵循《合同法》基础上，在合同要式、内容约定、履约期限、履约管理、绩效评价、资金使用及融资要求等方面进行了系统强化，更好地体现了全方位的合同治理（第22~32条）。例如，在第23条对书面合同与合同公告提出要式要求前提下，第24条首次明确政府购买服务合同履行期限不超过1年。而对于购买内容相对固定、连续性强、经费来源稳定、价格变化幅度小的政府购买服务项目，在预算保障的前提下可以适当延长至3年。又如，进一步禁止服务转包行为，绑定承接主体的全流程履约责任，即第23条"政府购买服务合同应当明确服务的内容、期限、数量、质量、价格，资金结算方式，各方权利义务事项和违约责任等内容"的规定，以及第26条"承接主体应当按照合同约定提供服务，不得将服务项目转包给其他主体"的规定。再如，在履约管理和绩效评价方面，第25条要求购买主体应当加强政府购买服务项目履约管理，开展绩效执行监控，及时掌握项目实施进度和绩效目标实现情况；第

20 条要求购买主体实施政府购买服务项目绩效管理,开展事前绩效评估,定期对所购服务实施情况开展绩效评价,具备条件的项目可以运用第三方评价评估";第 28 条要求承接主体应当配合相关部门对资金使用情况进行监督检查与绩效评价。另如,按照第 29 条规定,承接主体可以依法依规使用政府购买服务合同向金融机构融资,但购买主体不得以任何形式为承接主体的融资行为提供担保,以避免构成政府违规担保,形成政府隐形债务。

第四节 防范购买超范围及缺标准,完善清单制和健全标准体系

一、购买内容的清单制

所谓政府购买内容的清单制,是购买范围的目录确定。何谓购买范围?肖光坤(2015)将其定义为"政府购买公共服务的范围,是指政府依法购买公共服务内容的维度,是指政府向社会力量发出公共服务邀约的广度和深度,是指市场介入公共服务范围的宽度,也是指财政性资金使用方式发生变化的范围"。因此,对于属于政府职责范围且适合通过市场化方式提供的养老服务事项,由政府向社会力量通过《政府购买养老服务指导目录》这一正面清单制实施购买。反之,对于不属于政府职责范围的养老服务事项以及应当由政府直接提供而不适合社会力量承担的养老服务事项,则通过负面清单制禁止购买,坚决杜绝恣意购买及危害甚大的权力出租。对此,"新办法"第 11 条明确规定:"政府购买服务的具体范围和内容实行指导性目录管理,指导性目录依法予以公开。"特别是第 10 条首次规定了不得纳入政府购买服务范围的负面清单,即"(一)不属于政府职责范围的服务事项;(二)应当由政府直接履职的事项;(三)政府采购法律、行政法规规定的货物和工程,以及将工程和服务打包的项目;(四)融资行为;(五)购买主体的人员招、聘用,以劳务派遣方式用工,以及设置公益性岗位等事项;(六)法律、行政法规以及国务院规定的其他不得作为政府购买服务内容

的事项",这堪称"新办法"的最大亮点。

显然,着力解决好我国政府购买养老服务内容狭窄、边界不清问题至关重要。对于政府购买养老服务的内容确定,有学者认为所应考虑的因素基本包括:一是该养老服务内容对于老年人正常生活的重要性、紧急性;二是政府财力供给能力;三是政府买单的养老服务对象与其他社会成员之间的相对公平问题(袁维勤,2012)。

从他国的经验来看,适合采用政府购买的公共服务特征有四:一是具有详细的质量要求或效率衡量标准;二是易于进行竞争性招投标,风险小;三是具有相对独立性,易于进行合同管理;四是社会领域或私人领域的服务提供主体数量比较多,具有可选择性。在满足这四大差别性特征的基础上,一般认为准公共产品适合公共服务购买,而纯公共产品不适合(韩凤芹等,2015)。另外,如前述美国合理区分"软服务"与"硬服务"的细化做法,以及日本市场选择引入等,也都值得我国学习与借鉴。

(一)因地制宜的正面清单制

政府购买养老服务本身就是通过依法编制的指导目录来具体实施的。政府购买服务指导目录根据部门职责及相关规定等加以确定,是购买种类、性质和内容的集中反映,以及部门填报相关支出预算需求、组织实施该购买服务的依据和参考。

在正面清单制意义下,政府购买养老服务指导目录的编制工作甚为重要。

例如,2014年《财政部等关于做好政府购买养老服务工作的通知》专门提出了"逐步拓展政府购买养老服务的领域和范围""制定政府购买养老服务的指导性目录,明确服务种类、性质和内容,细化目录清单"的明确要求。对于其中所要求的细化目录清单,如2018年《政府购买服务管理办法(征求意见稿)》第20条规定,即"各级有关部门制定政府购买服务指导性目录,应当参照第十九条,结合本地区、本部门实际对纳入目录的内容进行必要的细化,增强目录的可操作性"。

又如,2016年《财政部关于做好政府购买服务指导性目录编制管理工作的通知》(财综〔2016〕10号)专门提出要求,要求各级各部门按照需要与可能、尊重地区差异的原则,将应当由政府举办并适合采取市场化方式提供、社会力量能够承担的服务事项纳入指导性目录。

该通知的具体要求还包括：①纳入部门指导性目录的事项：一是财政预算已经安排资金的项目；二是法律法规或党中央、国务院明确的公共服务重点支出领域或项目；三是本地区、本部门急需且同级财政具有相应保障能力的公共公益服务项目。②指导性目录一般分为三级。其中，一级目录可分为基本公共服务、社会管理性服务、行业管理与协调服务、技术性服务、政府履职所需辅助性服务以及其他事项等六大类。二级目录是在一级目录基础上结合本部门的行业特点，对有关服务类型的分类和细化。三级目录是在二级目录基础上结合本部门的具体支出项目特点，对有关具体服务项目的归纳和提炼。此外，还可根据本地需要与可能，进一步在三级目录基础上酌情增加四级目录。③指导性目录实行分级管理、分部门编制。中央各部门负责会同财政部制定本部门指导性目录，省级各部门负责会同省级财政厅（局）制定本部门或本系统指导性目录，省以下是否分部门制定指导性目录由省级财政部门根据本地情况确定。④各部门按照样式和要求分别编制本部门的指导性目录建议，报送同级财政部门。根据政府职能转变和工作实际需要，部门可以提出申请，并会同同级财政部门对指导性目录进行调整。但未经财政部门同意，部门不得自行调整和修改指导性目录。⑤凡列入指导性目录并已安排财政性资金的事项，应逐步推进政府购买服务。对暂时未纳入又确需购买服务的事项，可报财政部门审核备案后调整实施。⑥按照政府信息公开的相关规定，各部门负责在本部门官方网站公布本部门指导性目录。⑦各级财政部门根据指导性目录所规定的政府购买服务范围和内容，推动监督政府购买服务工作的开展，并组织对指导性目录制定、调整、公开以及实施情况进行检查。

此外，徐家良（2016）立足政府购买公共服务制度化而特别提出"一条例五目录"的政策建议，也就是"成熟时，应该由国务院发布《政府购买服务管理条例》，提高制度化和规范化的层级；'五目录'是指在原有《转变政府职能事项目录》《政府购买社会组织服务目录》《社会组织具备承接政府职能转移和购买服务资质目录》三个目录的基础上，再增加《第三方评估机构承接评估服务资质目录》《政府购买社会组织服务价格目录》两个目录"。

鉴于此，各级政府民政部门应结合本地经济社会发展水平、财政承受能力和老年人基本服务需求，因地制宜地编制出彰显兜底性并接地气的本部门《政府购买养老服务指导目录》。

需要指出的是，对于各地根据本级《政府购买服务指导目录》① 进而编制印发并遵照执行的本部门《政府购买养老服务指导目录》，其实施必须体现刚性要求，即目录内的必须购买服务，目录外的不得违规购买服务，并视情况必要及时调整指导性目录。不过，针对当下政府购买养老服务范围较为狭窄之弊，应基于发展之需跟进性扩大目录范围。

还需强调的是，要以法治思维与法治方式②推进《政府购买养老服务指导目录》的编制工作，不仅要形成上下统筹的协调机制避免重复交叉，而且要通过自下而上的民主征集机制避免脱离实际，特别是注重建立起相应的社会公示与反馈机制。对此，正如"新办法"第13条所规定的那样，"有关部门应当根据经济社会发展实际、政府职能转变和基本公共服务均等化、标准化的要求，编制、调整指导性目录。编制、调整指导性目录应当充分征求相关部门意见，根据实际需要进行专家论证。"

实际来看，各地按照2016年《财政部关于做好政府购买服务指导性目录编制管理工作的通知》（财综〔2016〕10号）要求，具体进行本级本部门指导目录的相应编制。现将作为2018年《郑州市政府购买养老服务暂行办法》附件且有所典型的《郑州市政府购买养老服务目录》（含公共服务与辅助性服务等4级6类42项）示例如表5-1所示。

（二）亟待跟进的负面清单制

目前来看，政府究竟需要购买哪些养老服务，以及哪些养老服务不应当由政府进行购买，更多体现的仍是某种恣意。尤其是在地方层面，要么相互雷同要么各行其是，明显缺乏统一适用并地方适宜的规范清晰的指导目录，因而导致政府购买服务易于出现盲目随意和重复浪费。这其中，特别是超范围问题危害更甚，必须得到有效遏制。

---

① 值得注意的是，"新办法"第12条明确了购买服务目录的两级分级管理机制，即"政府购买服务指导性目录在中央和省两级实行分级管理，财政部和省级财政部门分别制定本级政府购买服务指导性目录，各部门在本级指导性目录范围内编制本部门政府购买服务指导性目录。省级财政部门根据本地区情况确定省以下政府购买服务指导性目录的编制方式和程序"。

② 法治方式是一种解决问题的途径，指采用法律方法、运用法治原则和精神去解决经济社会活动中的问题。至于法治思维，如塔玛纳哈认为其是法治方式的内生型动力，法治不可或缺的要素就是政府官员和一般民众接受法治的价值和正当性，并逐渐视其为理所当然。参见［美］布雷恩·塔玛纳哈：《论法治》，李桂林译，武汉：武汉大学出版社，2010年。

表 5-1 郑州市政府购买养老服务目录

序号	一级目录	二级目录	三级目录	四级目录
01	基本公共服务	养老服务	居家养老服务	助餐
02				助浴
03				助洁
04				助急
05				助医
06				护理
07				养老服务网信息建设及运营服务
08			社区养老服务	日间照料
09				康复文体活动
10			机构养老服务	入住机构供养服务
11				护理服务
12	社会管理性服务	社会工作	养老机构社会工作岗位	
13		法律援助	养老服务法律援助	
14	行业管理与协调服务	行业职业资格和水平测试管理	养老护理人员培训	职业培训
15				职业教育
16				继续教育
17			养老护理员职业资格鉴定	
18		行业规范	养老服务标准化规范制定	
19		行业规划	养老服务发展相关规划	
20		行业投诉处理	养老投诉处理	
21		行业调查	养老服务业调查	
22		行业统计分析	养老服务业统计分析	
23		行业政策	养老服务业发展政策	
24	技术性服务	技术评审鉴定评估	养老服务评估	能力评估
25				服务需求评估
26				养老服务评价
27				其他涉老服务项目评估
28				消防安全评估
29				养老机构质量评估
30			星级评定	

续表

序号	一级目录	二级目录	三级目录	四级目录
31	政府履职所需辅助性事项	课题研究和社会调查	养老服务业理论研究	
32		监督检查	养老服务业监督检查	
33		技术业务培训	老龄队伍人员培养	
34		机关系统建设与维护	养老管理服务系统建设与维护	
35	其他	养老服务业	家庭无障碍设施改造	
36			社区养老服务中心建设和运营补贴	
37			养老机构建设和运营补贴	
38			养老护理员岗位补贴	
39			养老服务岗位	社区养老服务岗位
40				巡视高龄独居老人岗位
41			商业保险	机构综合责任保险
42				老人意外伤害保险

确实,在包括政府购买养老服务在内的各地政府购买服务实践中,不断暴露出一些政府购买内容的泛化倾向。例如,一些地方出现政府部门超范围购买服务问题,本该需要政府部门自己完成的工作,也交给社会力量去做。更突出的问题是,一些地方和部门以政府购买服务名义变相举债融资①或用工,背离了政府购买服务改革的初衷,也加剧了财政金融和人事管理等风险(王泽彩,2018)。对此,亟待通过负面清单制施以必要与合理控制,切实有效地实现政府购买养老服

---

① 正是基于坚决制止一些地方有所泛滥甚至愈演愈烈的通过政府购买服务变相融资、以政府购买服务名义违法违规融资,并明确政府购买服务应受《政府采购法》的全面约束,"87号文"采取负面列举的方式对政府购买服务"变形走样的重灾区"进行了明确禁止:①不得将原材料、燃料、设备、产品等货物,以及建筑物和构筑物的新建、改建、扩建及其相关的装修、拆除、修缮等建设工程作为政府购买服务项目;②严禁将铁路、公路、机场、通讯、水电煤气,以及教育、科技、医疗卫生、文化、体育等领域的基础设施建设,储备土地前期开发,农田水利等建设工程作为政府购买服务项目;③严禁将建设工程与服务打包作为政府购买服务项目;④严禁将金融机构、融资租赁公司等非金融机构提供的融资行为纳入政府购买服务范围。现行的"新办法"也在专门增设的禁止购买内容中予以了明确(第10条"负面清单")。

务制度价值及其效益目标的最大化①。

值得特别关注的是，深圳市在2014年发布《深圳市政府购买服务目录（试行）》的同时，还在国内率先发布了《深圳市政府购买服务负面清单（试行）》，列出了不得实施政府购买服务的项目清单，包括不属于政府职责范围的服务事项、当由政府直接提供的履职服务事项、政府提供服务效益明显高于市场提供的服务事项三大类服务事项。深圳的这种在国内率先试行的政府购买服务负面清单管理制度，有利于厘清政府购买服务的边界，避免政府大包大揽和将本该由政府自身完成的事项推向市场。又如，获得"2017年度全国政府采购创新制度奖"的《2017—2018年度南京市政府购买服务负面清单》明确规定了230个项目不得进行政府购买服务。特别是该负面清单配以《南京市2018—2019年政府采购目录和政府购买服务目录》这一正面清单，二者更是一体两面、相得益彰，值得高度评价与各地借鉴。

如前所述，"新办法"的一大亮点便是在禁止参与单位、禁止购买内容方面列出了负面清单。具体而言，一是在禁止参与单位方面，如"新办法"第8条规定："公益一类事业单位、使用事业编制且由财政拨款保障的群团组织，不作为政府购买服务的购买主体和承接主体。"二是在禁止购买内容方面，如之前具体引出的第10条所规定的负面清单，堪称"新办法"最大亮点。应该说，此次修法难能可贵地明确了政府购买服务的负面清单，并结合"87号文"相关内容共同构成了较为全面的负面清单制。

二、购买标准的体系化

相对于政府购买养老服务内容的边界不清，同时还存在服务标准的明显缺乏与不成体系问题。这一互依性的标准问题不可忽视，亟待解决。

一般而言，养老服务标准包括两部分基本内容：一是养老服务需要达到的最

---

① 就购买效益最大化而言，有学者指出：如果从质的方面来考虑经济上投入和产出的效益最大化问题，政府购买公共服务实现的是帕累托改进，而不是帕累托最优。为实现政府购买公共服务的效益最大化，必须通过实施政府购买公共服务的负面清单模式（以及行政信赖保护制度、以信息公开和绩效评估为核心的监管制度）等构建和完善相应的政府购买公共服务法律体系。参见孙丽岩：《政府购买公共服务的法经济学分析》，《财政研究》2017年第10期。

低要求。例如,《老年人社会福利机构基本规范》(2001年),作为地方标准的《上海市社区居家养老服务规范》(2010年)、《南京市社区居家养老服务组织评定标准(试行)》(2013年)①,以及《南京市社区居家养老服务中心评定标准》(2017年)等。二是养老服务收费标准。就养老服务的标准体系而言,应当基本包括技术标准、管理标准、工作标准以及收费标准。但是,无论是国家还是地方层面的养老服务标准明显缺乏,各地的收费项目及收费标准也差异较大,难以在绩效上评价政府购买养老服务的资金效率与质量效果②——后者主要通过政府制定的客观标准和养老服务使用者满意度的主观标准加以体现。所以,亟待建立政府购买的养老服务标准并健全其体系③。

对此,一如《老年人权益保障法》第42条的规定,即"国务院有关部门制定养老服务设施建设、养老服务质量和养老服务职业等标准",并且"各级人民政府应当规范养老服务收费项目和标准"。二如"原办法"第34条的规定,即"购买主体应当加强服务项目标准体系建设,科学设定服务需求和目标要求,建立服务项目定价体系和质量标准体系,合理编制规范性服务标准文本"。从"新办法"来看,第13条在编制、调整指导性目录方面提出了标准化要求,第15条又继而提出"政府购买的基本公共服务项目的服务内容、水平、流程等标准要素,应当符合国家基本公共服务标准相关要求"。三如乔鑫(2017)的建议。首先,区分不同政府购买的养老服务项目所要达到的最低要求,由制定指导性目录

---

① 这一标准是以民政部《社区老年人日间照料建设标准》、江苏省老龄工作委员会办公室《关于印发〈社区居家养老服务中心(站)评估指标体系〉的通知》(苏老龄办〔2009〕12号)为基本依据,参照《南京市老年人社会福利机构等级评定办法》(2008),结合南京市老年人实际情况而制定的。其中,社区居家养老服务组织包括南京市居家养老服务中心、城市小型托老所、农村老年关爱之家、虚拟养老院四类服务组织。

② 对此,王浦劬和萨拉蒙主张政府购买服务的绩效评价体系包括资金效率评价体系和质量效果评价体系。参见王浦劬、[美]莱斯特·萨拉蒙:《政府向社会组织购买公共服务研究:中国与全球经验分析》,北京:北京大学出版社,2010年。

③ 对于这些标准是否统一制定问题,也有学者对地方标准持排斥态度而主张制定购买公共服务的全国标准,即对于政府所要购买的公共服务的质量标准、技术标准等皆由中央政府统一制定,理由是地方政府主要承担购买地方公共服务的责任主要分为两个方面:一是组织实施购买地方公共服务,二是对地方公共服务的承接主体实施监督管理。而购买标准是政府购买项目的依据,如果由各地方政府自行制定,会造成依据矛盾、重复,这样既浪费资源又不利于政府购买的执行。参见项显生:《论我国政府购买公共服务主体制度》,《法律科学》2014年第5期。固然,对于现实中各地标准的各行其是甚至标准违法,确有必要依法规范、清理修改、合理优化,但并非是否定地方标准本身的理由。

的主体根据不同养老服务项目予以详细规定;其次,由物价等相关部门研究确定养老服务收费的计算标准、影响因素、最高利润率等,地方政府可以根据自身的经济发展水平予以调整。

有必要指出并强调的是:首先,相对于一般法规这一"硬法"而言,标准本身(包括前述之政策等)也是一种重要的"软法"。"软法"乃凸显效率、补充与转化价值、原则上无法律约束力但有实际效力的成文性行为规则。事实上,当今的"硬法软法和谐共治"正可谓现代法治的一大景象。其次,如前所言,美国将养老服务事项中难以事前作出明确要求的有关精神需求列为"软服务"(而通过美国行政法学者弗雷曼"将公法标准适用于民营化中的私人承包商的过程"的公共化约束可有效矫正"软服务"原本所现的"不可合同化"),以与有具体服务标准的"硬服务"相区分。这种合理区分"软服务"与"硬服务"的细化做法,值得我们学习借鉴。曹斌斌(2015)就此建议:"应该让营利性组织承担更多的'硬服务',而让非营利组织承担更多的'软服务'。"

目前,全国上下正加快推进养老服务的标准体系建设,诸如:①为落实《关于加强养老服务标准化工作的指导意见》(民发〔2014〕17号),2016年全国社会福利服务标准化技术委员会形成了《养老机构服务标准体系建设指南》《养老机构社会工作服务规范》《养老机构老年人健康档案技术规范》三项标准,并向社会公开征求意见和建议。2017年,民政部、国家标准委印发的《养老服务体系建设指南》(民发〔2017〕145号)即提出建立通用基础标准12项、服务提供标准23项、支撑保障标准33项。② 2014年《深圳市人民政府办公厅关于政府购买服务的实施意见》(深府办〔2014〕15号)值得关注,它完善了政府购买服务标准,强调各购买主体应按照国家标准、行业标准,结合购买服务项目实际需要及工作标准等,综合物价水平、工资水平、社会保障规定、费用成本和财政支付能力等因素,并根据厉行节约的原则科学测算,提出购买服务的价格标准和数量标准,在此基础上合理提出预算需求。进而,逐步建立健全购买服务支出标准体系。③成都市近年来在养老服务标准建设方面成绩突出,2013年在四川省首次发布了《成都市居家养老服务管理规范》《成都市社区养老服务管理规范》2项地方标准,2015年又发布了《成都市养老机构基本要求》《成都市养老机构星级评定》《成都市养老机构护理服务等级划分》《成都市养老机构老年人健康及功能综合评估》4项地方标准。④《浙江省关于加快推进政府购买养老服务的意见》(浙财社〔2015〕193号)基于建立健全政府购买养老服务机制,对申请购买养老机构服务及运营管理的承接主体提出了需符合《养老机构管理办法》(中华人民共和国民政部令第49号)、《浙江省养老机构服务与管理规范》省级地方标准(db33/t926-2014)的资质要求。同时,也对居家养老服务承接主体提出了其管理与服务内容、服务质量评价等需执行《居家养老服务与管理规范》(浙江省地方标准db33/t837—2011)的要求。⑤新近来看,上海市民政局印发的《2019年上海市养老服务工作要点分解表》即明确提出,要完成修订地方标准《养老机构设施与服务要求》,制定市团体标准《养老机构等级划分与评定指南》并着手修订《老年照护等级评估要求》。

总而言之,我们不仅要继续完善政府购买养老服务所依托的现有养老服务基本标准体系,更要在编制并及时调整《政府购买养老服务指导目录》基础上,建立健全标准明确、操作性强、便于考核监管的中央与地方相得益彰的政府购买养老服务标准体系。当然,这些标准必须是符合我国《标准化法》《标准化法实施条例》等基本法治要求的合法标准。

第五节 改观购买失范,规范流程、强化绩效、全面监督及明确责任

一、规范流程

公平公正公开、前后环节相扣的购买流程,是政府购买养老服务的核心内容,将直接影响公共服务的提供效果。对此,萨瓦斯(2002)将公共服务合同承包流程分解为:考虑实施合同外包—选择拟外包的服务—进行可行性研究—促进竞争—了解投标意向和资质—规划雇员过度—准备招标合同细则—进行公关活动—策划管理者参与的竞争—实施公平招标—评估标书和签约—监测、评估和促进合同的履行。

本来，程序公平是保证结果公平的必要前提，购买流程的运作规范就是维护公共服务的最基本的公正性。而"规制政府购买公共服务的一个重要标准就是要确保政府购买公共服务遵循法定的程序，以实现政府购买行为的程序合法与正义"（王丛虎，2013）。然而，我国政府购买养老服务"法治赤字"问题中一大突出之处即在于购买流程不规范、承接机制不健全。在各地对承接制度规定诸多不足中，主要体现在承接者的准入条件不科学和承接程序不规范两大方面①，直接危及承接主体的公平竞争以及公共服务质量的提升。对此，务必立足于法治思维与法治方式进行全面规范，并通过后述立法路径予以全面系统的制度固化②。

显然，针对养老服务购买程序规范性低、缺乏竞争性与透明性、随意性较大等突出问题，特别是对于其中因政府购买决策权过分集中的体制性弊端、政府部门利益的不当优先倾向、欠缺客观公正的专家咨询论证等所致的决策不科学问题，必须高度重视并加以因应解决。例如，"这种程序的缺失首先表现在事前对购买项目的评估不足，在决定购买公共服务的项目前，未经过严密的评估，导致购买项目不合理不科学，进入市场之后不仅对服务质量和行政效率没有任何提高，反而造成了行政资源的浪费，在一些公共服务领域甚至出现了'逆向合同外包'的情形"（赵淑钰，2013）。为此，不仅要"在决策阶段，依照《国务院关于加强法治政府建设的意见》等规定的要求，把公众参与、专家论证、风险评估、合法性审查和集体讨论决定作为决策的必经程序"（杨桦和刘权，2011），更重要的是要在完善到位的法治体系框架内，以谁购买、向谁买、为谁买、买什么、怎么买、怎么保障的问题链为导向，着力于强化信息公开、开展充分竞争、科学流程设计，对项目申报、预算编报、组织采购、项目监管、绩效评价等实施标准化流程管理，并制定相应的管理办法，以此实现养老服务的规范化及阳光购

---

① 包含承接主体准入条件、承接程序、承接方式以及信息公开程序等内容，本就是政府购买服务的核心机制之一。对于我国当下整体凸显的程序性缺失问题，有学者直接指出：从既有的政府供给模式转向政府向社会组织购买公共服务模式过程中，主要包括程序立法的缺位、程序设立的不合理以及实施中程序的合法性问题。也只有解决了这些问题，才能真正完善政府购买公共服务的正当程序规制，才能为政府购买公共服务提供合法性保障。参见崔英楠：《论政府购买服务的正当程序规制》，《北京联合大学学报》（社会科学版）2016年第3期。

② 值得注意的是，整体上的规范化购买流程也包括前述"购买内容的清单制"和"购买标准的体系化"的相关要求。

买。这其中的信息公开至为重要,因为"未事先告知本人利益有可能由于政府决策导致不利影响者,那么其别的所谓的程序性权利都丧失了其价值与意义"(盖尔霍恩等,2002)。

还须强调的是,针对普遍缺乏规范统一的政府购买服务流程的现状,建立健全规范化流程并制定本级适用的《政府购买服务工作规程》,甚为必要。对此,2018年《政府购买服务管理办法(征求意见稿)》第6条就明确规定:"购买主体应当建立健全政府购买服务的规范化流程,加强项目预算管理、组织购买、履约监督、绩效管理等工作。"另外,一些地方在规范流程方面的做法也值得肯定。例如,2017年出台的《成都市政府购买服务工作规程》完善了政府购买服务行为的全流程运行机制,重点对购买主体的需求管理和履约管理进行了明晰,力图通过扎紧政府购买服务源头和结果两道"关口",推动政府购买服务从程序导向型向结果评价型转变,努力实现物有所值的价值目标。

二、绩效评价与全面监督

(一)强化绩效评价

绩效评价至为重要,从重成效到重绩效,可谓政府购买养老服务制度发展的应然之路。徐家良和赵挺(2013)对于公共服务的主体界定以至提出了"四元一体"的分析框架,即购买者—承接者—使用者—评估者,将公共服务的绩效评价作为甚为重要的一大方面。对于政府购买养老服务,不仅要衡量所购买服务的提供数量,更要衡量所购买服务的实际效果,真正实现购买目的和意义。因此,绩效评价是管理政府购买服务的重要抓手,2013年《国务院办公厅关于政府向社会力量购买服务的指导意见》即强调"加强政府向社会力量购买服务的绩效管理,严格绩效评价机制"。

质言之,要建立健全绩效评价机制,不仅要强调结果评价,更要注重过程评价[①];不仅要进行过程性评价,更要重视第三方评估机构的独立性评价。当然,这又根本维系于目前所缺乏的具体量化和统一要求的评估标准。因此,可由中央

---

① 对于如何进行绩效评价,有学者从过程与结果两个方面,并从经济性、效率性、效果性、公平性四个维度构建综合评价指标体系。参见章晓懿、梅强:《社区居家养老服务绩效评估指标体系研究》,《统计与决策》2012年第24期。

政府制定一个兜底的评估标准，再由地方结合实际情况，集合养老行业专家意见进行专业化制定。

1. 绩效评价的意义

所谓政府购买养老服务的绩效，"就是政府组织购买活动过程的'绩'与'效'之和，即'做了什么样的事情'和'被服务对象获得什么效用'"（吉鹏和李放，2013）。至于绩效评价（绩效评估），即绩效管理，本身就是监管制度的重要构成，而一个完善的绩效评价体系又是行之有效的监管制度的重要保障。对此，荷兰经济学家科臣即主张建立规范的价格机制和绩效评价制度来对政府购买服务进行监管（库珀，2007）。在美国，政府购买服务监督和管理机制的核心就是对服务绩效的评估和考核，联邦与地方政府都在和绩效有关的法案和条例中明确了所应达到的质量和效率标准，通过绩效考核和评估实施监管。

宋智慧和曹传振（2017）将我国目前评估的突出问题概括为：第一，缺乏专业性评估主体，评估机制难以有效运转；第二，评价对象仅限于服务组织，不包括政府部门；第三，缺乏系统的评估标准，主观性较强；第四，评估结果与资金拨付脱钩，难以实行绩效管理。申言之：①就忽视过程评估问题而言，本来"政府购买养老服务绩效评估应该包括从购买决策到服务实施再到服务评估反馈的全过程，不能仅仅以某一阶段或某一类产出为评价对象"（李文杰，2018），特别要"增强服务购买全程信息的公开性，力求过程性评估监督和结果性评估监督并重"（孙玉霞，2015）。然而，社会实践中却往往偏重服务成效而忽视服务过程。②就政府部门自身评价缺位问题而言，由于接受绩效评价的主体并非仅限于承接主体，政府作为购买主体不仅要与服务对象及第三方作为进行绩效评价的主体，而且也要与承接主体一样成为接受绩效评价的主体。例如，预算支出的绩效评价即表明，政府购买服务并非政府责任的转移，作为购买主体的政府同样也是接受绩效评价的主体。对此，如2013年《国务院办公厅关于政府向社会力量购买服务的指导意见》关于"以后年度编制政府向社会力量购买服务预算和选择政府购买服务承接主体的重要参考依据"的要求即是这一体现。③就缺乏量化指标问题而言，尽管个别地方政府也在积极努力，如上海市《社区公益服务项目绩效评估导则》即将"完成情况、服务满意率、财务状况、组织能力、人力资源和合效能"列为评估内容，并由上海市质量技术监督局将其量化为具体质量标准而形成了 DB31/T583—2012 社会公益服务项目质量评价体系①，但整体而言，缺乏量化指标这一绩效评价体系中的大问题依然凸显。总之，针对现实绩效评价中重成效轻过程、评估主体构成不合理、缺乏第三方评估、缺乏量化标准、评估方式呆板单一等突出问题必须大力施策、系统应对、有效解决。

其实，当初新公共管理运动在改变政府公共产品与服务供给方式的同时，就为公共预算管理引入了绩效理念，因而，政府购买养老服务的推行与绩效预算的引入几乎是并行的。从某种程度上说，政府购买服务就是追求预算绩效的途径之一，而在预算支出绩效评价方面，各国也做出了积极探索与有益尝试，典型如：①美国政府购买服务实现了由设计型合同向绩效型合同的转变；②英国政府引入"物有所值原则"，体现了最佳价值或使用价值最大化的政府购买理念；③德国政府引入了被称为标杆管理的绩效评估方式，将政府对于社会组织参与社会服务考核进一步规范化和程序化，使政府购买服务的体系更加完善；④特别是作为推行公共服务市场化比较系统和彻底的代表国家，新西兰政府成立了专门的公共服务委员会，对公共服务统一实行全面彻底的绩效管理；⑤我国香港地区为使社会组织提供以顾客为中心、以质量为导向的社会服务而引入了服务绩效监控系统（SPMS）。

2. 第三方评估的重要

评估是政府购买服务绩效管理的关键环节，第三方评估则作为一种必要而更有效降低购买风险、提高服务效率及保证服务质量的外部制衡机制，在提高评估的公正性、独立性和客观性，弥补传统的政府主管部门评估缺陷等方面，可以发挥独特的专业优势，对政府购买服务制度化、法治化意义显在。

就我国当下而言，通过他律性第三方评估机构实施的第三方评估至关重要，亟待强化。其中所称的第三方评估机构，是指接受购买主体或承接主体委托，对承接主体实施的养老服务进行第三方质量监督的组织。以先行先试、国内典范的南京市鼓楼区为例，江苏天人家庭研究中心曾接受南京市鼓楼区心贴心老年人服务中心的委托，对中心的养老服务质量进行第三方评估判定。这一第三方评估组

---

① 显然，上海市在绩效评价方面的这种指标量化做法值得高度评价并值得其他地方积极借鉴。参见吴楠：《以法治方式完善政府购买公共服务绩效评价》，《江淮论坛》2015 年第 6 期。

织的介入使得南京市政府购买居家养老服务得以朝着公正化、公开化、规范化方向健康发展。

本来，相对于政府部门的内部评估，第三方评估机构作为独立于政府有关部门与养老服务提供者外的专门机构，能有效避免由于政府利益干涉可能带来的影响而更为客观地进行评价。同时，相对于普通民众的外部评估，第三方评估机构的独立评估更为系统及科学，能够提供合理的评估指标、手段与方法，这对实施效果评价更为客观（王俊超和周鸿，2018）。也因此，评估体系可以根据具体情况分为外部和内部体系，再设立第三方监督机制对评估体系进行再监督和再评估，并在确保"第三方评估的优势、公信力来自评估主体独立、专业、权威的基本特征"（徐双敏，2015）下，"使第三方评估成为政府监管、社会监督的重要平台"（徐家良，2016）。对此，2015年《民政部关于探索建立社会组织第三方评估机制的指导意见》（民发〔2015〕89号）就强调，建立第三方评估的体制机制和政策保障，使第三方评估成为政府监管、社会监督的重要平台。另外值得提及的是，早在2009年《宁波市政府服务外包暂行办法》便在国内率先规定了第三方监督，即第39条"政府采购监督管理部门应当建立服务外包评价制度，委托有资质的专业社会统计调查机构评价，结合社会公众和服务对象意见，对服务质量、社会满意度等进行绩效考核"的规定，甚为难得。

我们认为，对于第三方评估机制的有效建立，以下三个方面尤需强调。

第一，"注重构建完全独立的第三方监督及绩效评价机制，通过引入独立且专业的第三方评估机构，设计合理的绩效评估指标并选择科学的评估方式，对服务的质量、效率和服务对象的满意度进行客观且准确的评估"（林鸿潮，2014）。对此，徐家良（2016）建议通过增加《第三方评估机构承接评估服务资质目录》，甚至在条件成熟的情况下由国务院制定《政府购买服务第三方评估管理办法》，以此来实现有效应对。

第二，除注重建立规范化、可操作性强的评估方式和指标体系这些重要环节，据此展开的后续验收评估与跟踪评估这些环节不可或缺，更加重要。

借此而言，政府购买的养老服务本身属于"软服务"，其成本与价格的计算、质量标准的制定、服务产出的评估等方面均难以精确计算，因而可能产生合同漏洞并在监管机制不健全的情况下，一些养老服务组织可能会片面追逐经济利益、忽视该公共服务的公平正义原则而导致公共性流失（张雅勤，2018）。因此，对于"软服务"供给的监管评估标准，可将老年人及其亲属的服务评价与服务期待相结合，实施相应的质性评估①。

第三，进行必要的反向思考。同时李娟和丁良超（2019）较为冷静地指出，理论上，拥有专业资质的第三方评估机构能够帮助政府尽可能减少因信息不对称出现的监督缺位问题，但是实际上大多数情况中引入第三方评估不但无法实现以督促建和客观评估的目的，反而有可能增加额外的监督成本。有鉴于此，对于第三方评估制度的有效建立同样要进行必要的理性对待与审慎考量。

3. 具体制度的推进

在国家层面加快推进，重点诸如：①按2014年《财政部关于政府购买服务有关预算管理工作的通知》要求，政府购买服务要实施预算绩效评价，并将预算绩效管理理念贯穿于购买服务预算管理全过程②。②2014年《财政部等关于做好政府购买养老服务工作的通知》明确要求"各地要建立健全由购买主体、养老服务对象以及第三方组成的综合评审机制，加强购买养老服务项目绩效评价"，并且"政府购买养老服务的绩效评价结果要向社会公布，并作为政府选择购买养老服务承接主体、编制以后年度政府购买养老服务项目与预算的重要参考依据"。③"新办法"第3条提出了讲求绩效原则，第20条即规定："购买主体实施政府购买服务项目绩效管理，应当开展事前绩效评估，定期对所购服务实施情况开展绩效评价，具备条件的项目可以运用第三方评价评估。"并又规定："财政部门可以根据需要，对部门政府购买服务整体工作开展绩效评价，或者对部门实施的资金金额和社会影响大的政府购买服务项目开展重点绩效评价。"第21条还规定："购买主体及财政部门应当将绩效评价结果作为承接主体选择、预算安排和

---

① 在社会科学的历史中，定量研究与定性研究的争执持续已久。相对于在20世纪70年代之前一度受重视的单纯量化评价，随着社会批判思潮的兴起，价值判断在评价领域凸现出来，于是，评价重点转向价值观的质性评价逐步取代了量化评价并日益兴盛起来。显然，对于政府购买养老服务等社会工作中如美国规定的"软服务"评估，质性评价正是可以"大显身手"的。

② 预算绩效评价是检验政府购买服务是否达到预期目标、社会效益是否最大化的有效途径，也是全过程预算绩效管理的有机组成部分。为此，一是优化政府购买服务预算绩效评价应当以结果为导向；二是加强绩效评价和结果应用；三是建立由购买方、服务对象及第三方组成的综合性评审机制。参见吴伟鸿：《防范政府购买公共服务法律风险探讨——以强化财政约束机制为视角》，《当代会计》2015年第11期。

政策调整的重要依据。"

在地方经验方面，国内堪称范例的广东省在政府购买科技服务方面的有效做法，同样值得政府购买养老服务等领域的借鉴与推广。例如，广东省建立健全评估监管机制，专门针对之前存在的评估标准和方案缺失、缺乏效果评估、第三方评估机构参与机制不完善等评估监管机制缺失问题，全面建立起服务项目标准体系、完善监督检查机制、第三方评估与自评相结合、评价结果运用等政府购买服务的绩效考评和监管措施（应佳烜，2015）。又如，2018 年《河南省政府购买养老服务实施办法（试行）》将《政府购买养老服务资金绩效评价表》作为附件的做法，也值得肯定并借鉴。至于还有人基于现有规定零散不一或明显缺失而建议制定《政府购买养老服务评估和监管办法》的主张，完全可融入本书建议制定的《政府购买养老服务管理办法》中而无必要另行制定。

（二）完善监督体系

我国尚未形成由政府、养老服务组织、受服务老年人、第三方评估机构以及其他社会力量构成的多元化、专业化和规范化的监督体系（包括绩效评价本身也是监管制度的重要构成），整体监督水平与能力明显滞后，如监督者专业化水平不高、无力监督甚至渎职行为，有限的监督制度缺少量化标准和统一要求以及缺乏完全独立的第三方监督机制等①。

就当下政府购买养老服务薄弱单一、亟待多元建立的监督主体体系而言，有人立足于供给者—政府、生产者—社会组织、消费者—困难老人、监督者—评估机构与行业自律联盟"的四元主体架构展开研究，非常值得肯定，特别是对他律性第三方评估机构与自律性行业自律联盟的监督主体认识，甚为可取。而且，先行先试、国内典范的南京市鼓楼区的做法与经验难能可贵，该地除他律性第三方评估机构，其自律性行业自律联盟也颇具特色。例如，南京市居家社区养老服务协会整合了南京市内 11 个服务行业协会、22 个骨干品牌养老服务组织、13 家培训组织和 9 家评估组织，成立了养老服务组织联盟、培训组织联盟、评估组织联盟。其中的评估组织联盟，汇集了南京金秋养老服务指导中心、南京市益民社会

---

① 当前，我国的第三方评估主要是以政府委托形式开展，资金来源是公共财政，直接受政府监督和制约，因而第三方评估的独立性受到较大影响。

服务中心、南京市栖霞区养老服务评估中心、南京允德乐龄老年管理服务中心、南京金凤凰养老评估中心、南京建邺炫煌养老服务指导中心、南京市秦淮区本来养老评估中心、南京仁康老年服务管理中心、南京市鼓楼区社会福利协会9家评估组织，承接对社会组织的资质认定和对困难老年人的能力抽查评估的职责，是行业自律联盟自我监督功能的重要体现，成为南京市政府购买居家养老服务中的创新监督形式（汪怡，2015）。

无疑，既有监督不足问题的根本即在于制度本身的不完善。也正由于国内缺乏完善的监督制度，因而导致政府购买公共服务监督的形式化问题严重。游可娟（2016）就此指出："第一，监督主体往往内化于政府机构，与购买主体存在内在联系，对购买主体的监督效果不佳；第二，监督主体缺乏有效的压力机制，缺乏对承接主体供应过程的监督动力，造成注重（资质及文件等）形式监督而不注重过程监督，政府部门缺位问题普遍。"谷辽海（2006）尖锐批评道："大部分属于东拼西凑，重复立法，缺乏实质性内容、具体的实体和程序规则，因而浪费立法资源，有损国家法律的权威和严肃性。"

显然，针对长期未能得解的养老服务组织所承接的服务质量问题，只有通过如下法治途径，建立健全全程性、双向规范、内外兼备的监督体系，才能得以根本有效地解决。

1. 全程监督的"三位一体"

将整个监督贯穿政府购买养老服务的始终，本就是政府应履行的一项重要职责。但从现实来看，特别是"政府监管存在明显滞后性，主要表现为事后监管多、事中监管弱、事前监管缺失，难以对服务质量和服务效果进行实时监管"（万勇，2017）。因此，基于现有不足与制度期待，应从事前预防、事中跟踪和事后补救的"三位一体"契入，着力构建一个协调统一的监督体系。

从现有规定看，国家不断重视并推进制度化建设。例如，基于政府购买养老服务监督的核心在于财政检查，为了确保政府购买养老服务资金规范地管理和使用，2014年《财政部关于政府购买服务有关预算管理工作的通知》（财预〔2014〕13号）在"健全监管机制"部分就明确要求"各地要加强政府购买养老服务的监督管理，完善事前、事中和事后监管体系"。但应注意的是，因为没有完整的实施细则，缺乏可操作规范和具体监督内容，因而这样的要求在现实中难以发挥事前、事中、事后的全程监督作用。又如,为了进一步加强事中、事后监督,规范监管行为、提高监管效能并大力推广随机抽查的方式,2015年专门出台了《国务院办公厅关于推广随机抽查规范事中事后监管的通知》(国办发〔2015〕58号),当年还有《财政部推广随机抽查工作实施方案》《财政部随机抽查工作细则》等。显然,缺乏对事前监督的规定,终究难免疏于预防的遗缺。事实上,"完善的监督制度关键是事中监督,而事中监督就是要建立系统完善的质量评估标准体系,以便于将监督落到实处"(姜工琼,2018)。

当然,监督主体维系着事前、事中、事后全程监督的"三位一体"成效。对此,姜工琼(2018)就我国既有监督规定概括认为,当前事前监督主体是各级政府、民政部门、其他相关部门,而事中、事后监督主体是购买主体(或承接主体)和所委托的第三方评估机构及所对应的行业组织、社会组织。所以,包括有所涉及的监督主体制度建设,亟待跟进与强化。

2. 政府监督的双向规范

就政府监督而言,一方面是政府对承接主体的监督。例如,在监管贯穿政府购买全过程的美国,公共服务购买一旦生效,政府就会采取信息报告、实地巡查、投诉处理、审计监督以及阶段性评估等方式对非营利组织进行严格监督;另一方面,政府监督也当然包括对政府这一购买主体的监督,因而应赋予社会力量反向监督政府的权利,并且着力推进公众对政府的监督。正所谓,"监督公共部门的最好手段,莫过于公民参与"(彼得斯,2001),"如果公民能够对政府进行有效监督,政府对公共服务供给方进行有效督促,则政府购买的公共服务质量就能够在很大程度上有所保证"(周俊,2010)。因此,建立起政府监督与政府被监督的双向规范或多向规范不可或缺,更是时不我待。

3. 内外监督的相得益彰

如前所言,政府购买养老服务监督关系,既可以体现为来自购买主体、财政、审计、监察、民政、市场监管及行业主管部门的政府监督关系或者内部监督关系,也可以体现为来自国家机构之外的受服务老年人、其他公民等公众群体、社会媒体,以及受托第三方等的社会监督关系或者外部监督关系。对此,赵淑钰(2013)根据不同监督主体总结出了四种类型监督制度:一是主办单位对公共服务执行进行的内部监督,主办单位应在对公共服务提供过程中进行指导和监督,以保证服务质量;二是政府的财政、审计、监察部门对于资金运用等方面的监督,即政府职能部门的内部监督;三是通过媒体等形式发起公众对于政府购买服务所进行的社会监督;四是委托第三方进行的社会监督。就我国内外监督制度的最新体现而言,如"新办法"第30条之规定,即"有关部门应当建立健全政府购买服务监督管理机制。购买主体和承接主体应当自觉接受财政监督、审计监督、社会监督以及服务对象的监督"。

(1)关于内部监督。例如,组建包括由财政部门牵头和民政、市场监管、审计、监察等部门参与的联合绩效督查小组,对政府购买养老服务项目和资金使用情况进行绩效跟踪、审计监督,提高财政资金使用效益,避免财政资金投入不当。又如,在强化内部监督的专门化方面,像日本设立的官民竞标监理委员会就可以很好规避多头监管问题,值得我们学习借鉴。王碧君(2016)为此建议:在我国财政部门内部设立政府采购监督管理办公室,由这样一个独立的部门负责对购买活动进行监督和管理,可以避免多头管理的弊端,提高监管效率。

(2)关于外部监督。为与内部监督机制协调配合,还应相得益彰地建立外部监督机制。也就是说,这一内外结合的监督机制,除内部监督的上述应对外,还需要进行促成行业协会等同行业监督模式、完善第三方监督选择方式以及加强公众有效参与等外部监督的制度安排。

就公众监督这一外部监督而言,公众本身有责任对政府和社会力量进行监督,并对其绩效进行评价,以保障政府购买养老服务的规范。然而在实践中,由于公众参与意识较弱、政府设置参与渠道较少等所致的公民参与缺失,加之公民参与无序以及参与无效等不足,致使公共性流失,难以对政府购买养老服务形成强有力的必要制约和有效评价。所以,应当采取有效措施[①],通过强化公众参与来维护政府购买养老服务的公共性。如牟永福和王海英(2015)所言,"作为初始委托人的老年人由于需求表达机制的不完善和本身的弱势地位,很难做到对代

---

① 对此,有人建议从设置重大服务事项听证会程序、公开政府购买公共服务信息、对政府机关履职与承接组织履约行使监督权等方面有效推进公众参与政府购买公共服务。参见蒋雪琴:《政府购买公共服务的行政法规制研究》,西南政法大学2015年硕士学位论文。类似地,也有人建议通过公共服务项目的听证制度、服务定价的听证制度、服务质量的公众评价制度,建立起充分的公众参与制度,做到以权利制约权力,预防(权力寻租)腐败,减少决策失误。参见王凌燕:《行政法视野下政府购买公共服务的思考》,《长春理工大学学报》(社会科学版)2013年第4期。

理人的有效监督,一旦代理人隐藏有关信息或提供虚假信息,就会发生机会主义或逆向选择问题,因而需要完善公民的监督表达机制"。甚至"相比之下,社会组织监督比公权力监督具有天然的优势,会主动进行监督。所以,在构建政府购买公共服务监管法律体系时,应当确立私权监督的核心地位"(李源,2015)。

正因为外部监督中的公众监督以及媒体监督担负着无比重要的社会监督责任,所以要切实鼓励公众和媒体有效参与政府购买养老服务的日常监督中来。至于包含其中、同样如此的第三方监督,则见"第三方评估的重要"所述。

总之,多层次构建专业化、多元化的监管机制,塑造一个"政府+社会组织+第三方机构+公众及媒体"的四级监督模式,以此"构建以政府监督为主线、承接主体为辅线、社会监督为补充的多层次监管机制"(王凤岩,2016),并如宋月欣(2017)建议的那样,"明确监管主体的职权与责任,加强预算、准入、合同及资金监管,完善多元评估、全程评估、指标体系及更新技术的绩效评估机制,完善信息扩大范围,建立信息公开平台的信息公开制度"。如若这样,则其监督效果必然可期。

三、责任到位与纠纷解决

(一)责任到位

政府,一并作为养老服务等公共服务的供给者、购买合同的监管者,以及最终责任的承担者。政府责任,基本包括政府履职的行政职责与政府失职的法律责任两大方面。其中更广义的政府失职责任,则除宪法责任、民事责任、行政责任、刑事责任等法定责任,还包括政治责任、道德责任(道义责任)①。我国的政府责任制度正处于不断发展与完善中,并逐步展现着以法律责任为主转向注重政治责任和道德责任等并重的良性发展趋向。

1. 政府履职的行政职责

就像奥斯本和盖布勒(1996)所言,"政府移交的是公共服务的直接生产权

---

① 道德责任是政府的伦理责任,现代法治国家的行政法制可以说已将政府及其公务员的衣食住行都纳入了法治轨道,甚至道德本身就是法律,如美国的《政府伦理法》、韩国的《公职人员伦理法》、日本的《国家公务员伦理法》等。参见涂永珍:《完备的法律监督体系是政府信用确定的关键》,《中国党政干部论坛》2004年第8期。

与提供权,而服务责任不但没有减少,反而加大了"。正是如此,"政府购买公共服务并不等于政府将责任转移给了私人,政府仍然是责任的最后承担者,在公共服务提供过程中承担着筛选、监督、评估、担保等一系列责任,因此在一定程度上说,对于政府购买公共服务并不是政府责任转移了,而是责任更大了"(许燕,2015)。

（1）就应然而言,政府本应将促进充分竞争、实行科学购买作为应然责任,明确各级政府部门的设置、分工和工作职责。那么,政府何以有此责任?

一者,政府购买养老服务本以政府责任为主线。张雅勤（2018）就此指出:"在政府购买公共服务过程中主要存在两种类型的责任关系:政府、服务承接者、公众三者之间的长线责任,公众与服务承接者之间的短线责任。这就需要塑造起以政府责任为主线、契约规范为保障、平等协商为方式、信任和共识为基础的合作共治型公共服务供给模式。"

二者,政府本有精明政府的责任。如许益军（2014）所言,"解决政府购买服务问题,关键在于有一个'精明政府',知道买什么、向谁买、如何买,既要有制度创新能力,也要能在实践中精细操作"。至于精明政府,萨瓦斯（2002）认为政府理想的角色就包括精明的购买者①,美国学者凯特尔（2009）也在阐述委托—代理理论并将其运用于购买公共服务中时强调了政府要成为一个精明买主。

三者,政府责任的必然增进。如前所述,基于现代政府从全能政府向有限政府以及"小政府、大社会"朝向的必然转变,在政府购买养老服务视域下的政府也逐步实现了从公共服务的提供者与生产者的原本混同到可以分离,再从提供者到购买者,并到购买的监管者、制度的供给者及市场的引导者等职能的巨大转变。然而,这并非意味着政府权力和责任的稀释和弱化,政府更非"甩手掌柜"。事实上,正如陈思融和章贵桥（2013）的形象描述,这个民营化过程并不是政府放权弃责"归隐山林",而是积极履职尽责。养老服务通过政府购买的方

---

① 萨瓦斯认为政府的理想角色是:公共物品和服务需求的确认者;精明的购买者;对所购物品和服务有经验的检查者和评估者;公平税负的有效征收者;谨慎的支出者,适时适量对承包商进行支付。参见[美] E.S. 萨瓦斯:《民营化与公私部门的伙伴关系》,周志忍等译,北京:中国人民大学出版社,2002年。

式提供,仅仅是养老服务的生产与提供向社会力量转移而实现公共服务供给的方式转变而已。它并非政府公共服务的责任移交,反而是对政府责任的更高要求,是对政府责任的必然增进。于是,"将政府购买公共服务中的行政职责划分为决策职责、缔约职责、监督职责和承接职责,便是一种较为合理的选择"(曹海青,2014)①。

(2)就实然而言,尽管我国一些地方政府的职能转变不彻底而在实际服务购买过程中出现管理过度,忽视了承接主体的责任分担,但毕竟政府是政府购买服务的直接和最终责任者,承接主体也只是执行政府职能而已。

事实上,政府已经将养老服务等公共服务的生产权转移给社会力量,政府责任也已由过去的履职责任转变成了行政担保责任②。其乃一种随着公共服务合同外包而衍生的法定责任,一种政府依法履行行政职责的特别承诺,一种无须提供任何实际物质的形式保证,包括政府若未尽到注意义务时而应对老年人承担的一种独立的国家补充责任在内,以避免"公法责任遁入私法"。这样,便使得政府得以担保人的地位,担保购买低成本、高质量的公共服务,从而能更好、更充分地满足公众多元化的服务需求。

所以说,也只有明确了政府责任,并将其贯穿于谁购买、向谁买、为谁买、买什么、怎么买、怎么保障的购买链条中,以此构建起向社会力量购买养老服务的政府责任链条及框架体系,才能充分保证政府购买养老服务的有序进行。

(3)就绩效评价而言,一个效能政府必然要求绩效问责。如果政府不作为

---

① 该文章特就政府的承接职责解释道:因汉语表达习惯不同而将"网罗责任"称为"承接责任"。德国学者舒佩特将政府在政府购买服务中的职责限定为保障责任和网罗责任,网罗责任也就是一种后备职责。因为政府负有保证公共服务持续供给的义务,而这种义务要求政府在管制失灵或服务供应商因特定原因不能提供服务时,应及时承接相关服务的供给,以实现公共服务供给的持续性。另外,对于该网罗责任或者说承接责任,也有学者在借鉴舒佩特观点的基础上认为政府购买公共服务后,仍应承担监管责任与担保责任以及一定的后备责任。参见杨欣:《论政府职能合同外包中的公法约束》,《法学论坛》2007年第5期。

② 对于这种提供主体是行政机关、担保对象是社会公众并以监管、(临时)接管、赔偿、补充等担保责任形式为主且适用法律主要为行政法、行政诉讼法而明显有别于民事担保责任的特别担保责任,有研究者指出:为确保公共利益的实现,政府购买公共服务后应承担的行政担保责任包括:挑选合格的服务提供者;给付不中断的监督义务;人权保障义务与国家赔偿责任;最后履行责任。并且,这些责任应通过管制、规制、协商和评估等方式加以实现。参见张敏:《政府购买公共服务后的行政担保责任》,《行政论坛》2015年第5期。

或乱作为而导致实际的购买结果与设定的购买目标背道而驰（地方政府不作为或乱作为的风险也主要表现在购买目标不明确以及购买范围随意扩大化），致使公共资源低效或无效配置，就必然需要启动相应的责任约束机制，这本就是绩效评价的应有之义。同时，在强化政府购买养老服务监管的全覆盖方面，本来就既要对养老服务组织加强监管，同时也注重对政府自身的必要监督，特别是在我国更多强调对承接主体监管而明显忽视对政府自身监督的现状下，更应如此。

（4）从国外经验来看，英国不仅是政府购买服务的发源地，而且重视层次管理体制。英国政府尤其强调并规定了在政府购买服务过程中必须承担的应有责任，同时明确了不同职能部门的责任。显然，这对合理安排中央和地方各级政府的责任分担不无意义，即是说，应在科学划分政府—市场—社会三者关系以及中央和地方财权事权关系基础上，明确中央与地方政府的公共服务购买责任。在美国，根据其相关法律规定，履行政府购买服务职责的管理部门是联邦事务总局、联邦会计总署、行政管理与预算局，其职权（权力）和职责（义务）均有相应的法律规定，具有代表性的《联邦采购条例》所规定的权力义务分担规则，赋予了政府在职责范围内做出购买公共服务决定的权力，同时承担实施购买服务过程中提供购买服务所需资源和协调与承接主体关系的义务。

需要指出的是，我国存在已久的政府责任划分模糊状况亟待改变。这一状况主要表现在：一是政府没有划清自身在购买养老服务整个过程中所应当承担的责任，存在"既当运动员又当裁判员"的弊端；二是政府对应当由其承担的养老服务责任范围模糊，出现超范围购买的恣意。所以，对于"既当运动员又当裁判员"的弊端，关键是要依法明确政府在购买养老服务中所应承担的监管责任，政府最主要责任就是监督养老服务组织是否按照合同约定为受服务老年人提供高质量的养老服务。同时，加强社会力量对政府监督也是至关重要的。至于超范围购买的恣意，可从前述"完善清单制"等加以有效应对。

2. 政府失职的法律责任

政府失职的法律责任，即违反法律或者约定义务所应承担的不利后果。在政府购买养老服务中，对于政府及其公务人员由于过错、无过错等失职行为，自应承担公法或私法上民事、行政或刑事等对应的法定责任①，乃至更广义政府失职责任所包括的政治责任、道德责任（道义责任）。的确，一个法治社会必然要求一个法治政府，一个法治政府必然是一个责任政府，而一个责任政府则必然要求政府及其公务人员依法购买养老服务，否则，违法和滥用权力必将受到法律责任追究，承担否定性的法律后果。

如葛自丹（2017）所言，兹因我国政府购买服务规范性文件效力层级低、缺乏该领域的专门立法，缺乏系统性规定、责任内容没有全覆盖，所以要建立起自身的法律责任谱系，以周全覆盖该领域内的各类法律关系及各种违法行为和行为人。据此，还有人进一步指出：依据政府违法行为的表现形式，可以将政府责任大致分为怠于履行和过度干预两种法律责任。其中，怠于履行主要表现在政府对按照法律规定应当履行的购买职能不作为；过度干预则主要体现在购买过程中违反法律规定行使购买权限或者滥用政府权力限制市场竞争（陈爽，2016）。所以，必须坚持权力和责任相互统一的基本原则，建立健全包括诸如行政问责制②等在内的政府责任体系，依法追究政府及其公务人员因失职而在购买服务过程中所应承担的相应责任。

（二）纠纷解决

针对政府购买养老服务纠纷问题，解决纠纷的重点应包括购买合同中明确购买主体、承接主体的各自责任，避免意外事件影响责任归属，探索行政与司法协调的解决机制，积极建立养老服务救济制度等。对此，建议通过《政府采购法》《合同法》《老年人权益保障法》以及民事诉讼、行政诉讼等相应程序法，加之特别建议制定的《养老服务促进法》《政府购买服务条例》等基本立法与专门立

---

① 对此，即如"新办法"第32条规定："财政部门、购买主体及其工作人员，存在违反本办法规定的行为，以及滥用职权、玩忽职守、徇私舞弊等违法违纪行为的，按照《中华人民共和国预算法》《中华人民共和国公务员法》《中华人民共和国监察法》《财政违法行为处罚处分条例》等国家有关规定追究相应责任；涉嫌犯罪的，移送司法机关处理。"

② 作为我国内部行政行为、限于主要负责人行政处分的行政问责制，一般是指一级政府对该级政府的现任负责人、该级政府所属各工作部门和下级政府主要负责人，在所管辖的部门和工作范围内因故意或者过失不履行或者未正确履行法定职责，以致影响行政秩序和行政效率，贻误行政工作，或者损害行政管理相对人的合法权益，给行政机关造成不良影响和后果的行为，受到内部监督和责任追究的一种行政责任制度。行政问责制本身作为我国政府责任体系的制度构成，同样正处于不断发展与完善中，并逐步展现出以法律责任为主转向注重政治责任和道德责任等并重的良性发展趋向。

法等来施以基本的法律救济,以及适时制定《养老服务纠纷处理办法》等加强专门救济。

至于其他,如2018年3月1日起公布施行的财政部《政府采购质疑和投诉办法》(2004年《政府采购供应商投诉处理办法》废止),同样体现了在解决购买纠纷上的积极努力,包括进一步完善了质疑程序,更加细化了质疑的提出与答复,并对《政府采购法》及其实施条例的有关规定进行了补充,均应予以肯定。

确实,在政府购买养老服务发生纠纷情况下,当养老服务组织侵犯了老年人的合法权益时,遭受损害的老年人就存在他(她)是直接向养老服务的实际提供者——养老服务组织追究侵权或违约责任,还是向养老服务的购买者——政府追究侵权或违约责任的难题。特别是在政府、养老服务组织、老年人之间法律关系不甚明了下,受服务老年人之合法权益维护更是难上加难。

正因为包括政府购买养老服务在内的养老服务纠纷发生后,由于现行法律法规的不健全,使得纠纷发生后的处理工作变得异常复杂与艰难,因而,养老服务的权利救济制度亟待建立和完善。并且,政府购买养老服务兼具公法和私法属性,采用单一纠纷解决方式无法解决养老服务购买过程中复杂多样的争议。尽管"随着政府职能转变和公共服务形态多样化,公共服务呈现以私法代替公法进行规制的趋势"(闫海和张天金,2011),但是,"政府购买公共服务完全适用民事诉讼而排除行政诉讼救济容易造成监督不力等难题,优化公共服务供给得经由公法明确政府保障服务供给的法定职责及其相应职权,增强公法化解公共服务纠纷和为公民权利提供救济的功能"(袁曙宏,2006)。所以,基于增强公法与私法共同为公民权利提供救济的功能,并实现公共权力的有效共享,更要"回归公民权利,眷注公共服务消费者的权益保障"(李蕊,2019)。

1. 三则关系下的不同对待

如前所述,政府购买养老服务法律关系乃一种既存在公法的纵向监管关系也存在私法的横向契约关系的社会经济关系,兼具了公法和私法上的权利(职权)和义务(职责)关系。显然,这一认定直接影响有关纠纷解决及权利救济。

在政府购买养老服务中购买方的政府、承接方的养老服务组织、受益方的受服务老年人之间,并以为第三人利益合同为基础的分析表明:政府与养老服务组织之间的基础性合同关系明显有别于政府与受服务老年人之间的行政给付关系，以及养老服务组织与受服务老年人之间的履行关系。而这一复杂关系下产生的争议呈现多元化，只有在厘定主体间纠纷性质的基础上才能选择出适宜的解决之策。以下，从三则关系情形加以相应判定。

（1）在政府与受服务老年人之间。这其中既包括政府制定规范性文件的抽象行政行为，也包括经老年人申请后政府核准部门与老年人之间形成的行政许可法律关系。于此之下，当老年人未获得政府购买养老服务的应有资格时，当可依据《行政复议法》与《行政诉讼法》所赋予的救济权，通过行政复议或行政诉讼方式来维护自身的合法权益。

一方面，养老服务组织侵害受服务老年人权益后，由于政府与老年人之间存在行政给付的公法关系，政府并不能因此逃避其应负责任，"政府购买养老服务的前提是政府应当供给养老服务"（袁维勤，2012）。本来，政府向公众提供所需的公共服务乃其固有之责，按卢梭的社会契约论以及前述之人权保障理论及委托—代理理论等亦都使然。这其中，便包括一种保护性的公法责任——政府担保责任或者行政担保责任。刘红梅（2014）就此建议：在政府对老年人应承担法律责任方面，基于德国法的担保国家理论要求而在养老服务提供方侵害老年人权益且政府违反相应注意义务时，政府应在养老服务提供方无力承担相应侵权责任后，对老年人特别承担一种既非国家赔偿责任又非侵权责任性质的独立的国家补充责任，以使老年人损害得到填补。需要指出的是，这里的国家补充责任即前注所引的被德国学者舒佩特称作"网罗责任"的一种后备职责，以有效避免"公法责任遁入私法"。但就现实而言，即如谭朴珍（2014）所指出的那样，"法理上尚无关于公民可以就政府购买公共服务的事项起诉政府的学说，司法实践中也无相应案例，可以说，在该领域，政府与服务接受者——公民之间的争议尚处于'虚拟阶段'"。

另一方面，关于受服务老年人对政府所应承担的责任情形，主要如老年人或者其近亲属采取欺骗手段，通过政府购买服务评估而不当享受养老服务。此即构成一种不当得利，政府当可依据不当得利返还请求权请求其返还所得利益。

（2）在政府与养老服务组织之间。这二者之间是基础性的公共服务合同关系。一是双方基于合意签订的政府购买养老服务合同而形成民事法律关系，体现了政府购买养老服务应有的私法属性;二是政府购买养老服务的实质也是政府通过购买养老服务来履行政府行政职责,这其中便包含了政府监管、行政处罚等浓郁的行政色彩,因而表明了政府购买养老服务的公法属性;三是双向来看,即如徐庭祥(2013)指出的"养老服务提供方一方面遵守私法规范的同时,也要受到公法的约束"。有鉴于此,加之本书之前引述、较好体现双阶理论的学者观点,即"在独立购买时,政府与服务对象形成的是公法性质的法律关系;政府与服务组织在购买契约签订及后续阶段形成私法性质的法律关系,在购买主体决定阶段形成公法性质的法律关系;服务组织与服务对象形成私法性质的法律关系。在非独立购买的情况下,政府、服务组织、服务对象相互之间都是公法性质的法律关系"(宋智慧和曹传振,2017),所以,应根据政府与养老服务组织之间纠纷出现的具体原因进行个案分析。

刘红梅(2014)建议:一方面,完善政府承担违约责任的事前预防和事后救济,并建议通过最高人民法院的案例指导制度,针对政府购买服务产生的一些法律问题给予指导。或者,进一步探索政府与私人经济主体合作的私法救济路径。另一方面,为了实现政府购买养老服务的目标,养老服务提供方应受到公法的约束,如必须保证给付不中断、维护服务品质以及确保服务不变,必须接受政府监督,必须对相关信息向老年人公开等,以保证正当程序、公众参与等公法价值的实现。如果违反这些公法义务,养老服务提供方应对政府承担较之普通民事合同明显特殊的违约责任。

当然,如果作为养老服务提供方的养老服务组织未向作为第三人的受服务老年人提供养老服务或者提供不符合约定的,即按照《合同法》第64条规定向政府承担违约责任,即"当事人约定由债务人向第三人履行债务的,债务人未向第三人履行债务或者履行债务不符合约定,应当向债权人承担违约责任"。

至于这其中违约责任的归责原则,苏丽亚和曹海青(2015)认为比较域外制度可发现,政府购买公共服务违约责任归责原则呈多元化趋势,故而我国政府购买公共服务违约责任归责原则应该采取复合原则,也就是主要以严格责任原则为主、补充适用过错责任原则,因为采纳严格责任原则比适用过错责任原则更有利于维护公共利益。应该说,这一建议是较有见地的。

(3)在养老服务组织与受服务老年人之间。在政府购买养老服务合同这一特殊的为第三人利益合同下,受服务老年人作为利益第三人,政府出于为其提供养老服务的目的才与养老服务组织签订合同。所以说,该为第三人利益合同是将政府、养老服务组织以及受服务老年人三者连接起来的桥梁。而该合同涉及民法上的为第三人利益合同,涉及私法调整范围,当然可通过民事诉讼或仲裁来加以救济。

一方面,关于养老服务组织对于受服务老年人所应承担的责任。在这一为第三人利益合同中,老年人作为第三人,虽然并不是合同的当事人而只是享有合同规定的利益,但如前所述,该第三人应享有独立请求权——一旦债务人没有向第三人履行或者履行不适当,那么第三人有权以自己的名义直接向债务人提出请求。所以,合同相对性原则得以突破或者例外的为第三人利益合同,正是受服务老年人请求权利的理论基础。而 2020 年 5 月 20 日通过的《民法典》第 522 条规定对此进行了较好体现。

刘红梅(2014)据此认为,养老服务提供方与老年人仅仅存在履行关系,虽然并无合同关系,即养老服务提供方与老年人在政府购买养老服务合同这一基础关系上并未另签订养老服务合同,但在此情形下若对老年人造成人身伤害则应以侵权责任法对老年人承担侵权损害赔偿责任。当然,在此情形下老年人并不存在侵权损害赔偿请求权与违约损害赔偿请求权的竞合;如若未构成侵权,养老服务提供方不履行合同而给老年人造成损失的,老年人即可通过为第三人利益合同对其进行救济。袁园(2012)提出,"对于公共服务提供者与消费者之间,两者可能是直接的侵害方和被侵害方,这里消费者可以有多重的选择,既可以选择(有过错的)公共服务提供者来承担赔偿责任(民事诉讼及非诉方式),也可以选择政府部门承担责任(行政复议或者行政诉讼),不管哪一方承担责任,对于消费者而言是没有差别的"。

另一方面,关于受服务老年人对养老服务组织所应承担的责任。就政府购买养老服务合同这一特殊的为第三人利益合同而言,"为第三人利益合同可使第三人承担一定的义务"(薛虹,1994),但该合同毕竟旨在为特定受服务老年人提供养老服务,未参与合同订立的老年人作为受益方主要享有接受相应养老服务权利,同时只需承担协助义务等较少的附随义务。但即便如此,受服务老年人若对养老服务组织未履行如实告知义务,将疾病传染给服务人员而给养老服务组织造成损失的,养老护理人员及其养老服务组织便有权依据侵权责任法要求老年人及其监护人承担赔偿责任。

申言之,对于其中所涉的"雇佣活动中第三人致雇员受害"问题,《侵权责任法》第34条中只是对"雇佣活动中雇员致第三人伤害"作了规定,而对于"雇佣活动中第三人致雇员受害"却没有规定。对此,《最高人民法院关于审理人身损害赔偿案件适用法律若干问题的解释》(法释〔2003〕20号)第11条则有明确规定:"雇员在从事雇佣活动中遭受人身损害,雇主应当承担赔偿责任。雇佣关系以外的第三人造成雇员人身损害的,赔偿权利人可以请求第三人承担赔偿责任,也可以请求雇主承担赔偿责任。雇主承担赔偿责任后,可以向第三人追偿。"而从审判实践来看,对于此类提供劳务者受害责任纠纷,有人指出:根据不真正连带责任的原理,把侵权第三人和雇主一并列入被告,判决终局赔偿主体——侵权第三人承担赔偿责任,雇主承担连带赔偿责任,并在法律文书中明确保证雇主的追偿权,从而保证了受害雇员的合法权益,减少了诉累,也保护了法律公平(马晨光,2014)。

2. 司法制度与责任险制度的建立健全

一方面,不仅如前述规范政府购买养老服务合同以及制定《养老服务纠纷处理办法》等积极应对,而且应该说更重要的是,若能由最高人民法院专门出台《关于养老服务纠纷认定与处理若干意见》等司法解释,以此建立起公开、公正、公平的纠纷定性与处理的法定程序,对包括故意伤害、意外伤害的鉴定、赔偿、仲裁、诉讼等作出全面系统的司法安排,则为最值期待之事。

另一方面,养老服务业本身的高风险性以及产生该风险的客观必然性会给养老服务组织发展带来制约,更会给受服务老年人、家属、养老服务组织的各方权益带来损害。如果单纯按照《合同法》等规定来划分政府购买机构养老服务中住养老人意外伤害的风险责任,不仅会加剧兴办养老服务业的高风险性和特定公益性之间的矛盾,而且由于养老服务组织本身的经济承受能力有限,单一的责任主体难以弥补受害老年人的损失,其合法权益难以得到充分保障。

鉴于此,要积极探索建立养老服务风险保障制度,如建立强制性养老服务组织(或政府、行业组织)投保的责任险制度或者养老服务组织(或政府)为每一位受服务老年人投保的意外伤害险制度。例如,早在2009年起上海市杨浦区就通过统一推行养老服务意外险将意外险与社会保障体系有机结合,从而建立起必要的风险分担机制。又如,苏州市也于2010年12月1日起正式实行养老服务机构综合责任险、居家养老护理责任险。此外,"还可以通过财政、福利彩票公益金、社会募捐、养老机构及老人等共同筹资,建立养老服务伤害事故的保险基金"(于新循和袁维勤,2011)。正如《老年人权益保障法》第49条的规定,"国家鼓励养老机构投保责任保险,鼓励保险公司承保责任保险"。

第六节　加快政策法规体系构筑,实现"硬法软法和谐共治"

我国养老服务从既有的政府供给模式转变为政府购买模式,需要进行一系列的制度革新,必然面对重重阻碍。实践的困难使然,实践的经验使然,政府购买养老服务必须要有因应相对的法律依据与制度设计。正所谓,"法律的制定依靠的不仅仅是逻辑,更重要的是依据实践探索得出的经验"(霍姆斯,2006)。

"实践兴起、制度滞后"、凸显"法治赤字"的我国政府购买养老服务制度,应当立足"中国特色、中国经验"的法律构造,立法上重点通过以《政府采购法》及其《政府采购法实施条例》①《预算法》《招标投标法》《合同法》《老年人权益保障法》等为基础支撑,加之以本书建议制定的《养老服务促进法》《政府购买服务条例》等基本立法与专门立法,以及部门规章《政府购买养老服务管理办法》等法治进路予以多维固化,着力实现政策法规体系的顶层设计与制度健全,构建起以经济法意义上"规范为本兼与促进"为规制目标、体现"硬法软法和谐共治"图景的政府购买养老服务法治体系。

---

① 如前所述,虽然政府购买养老服务归为政府采购的一部分,但由于政府购买养老服务自身的特殊性,加之政府采购本身主要是为了满足政府自身正常运行的需求而设定,因而现有《政府采购法》《政府采购法实施条例》只是作为基础制度而已,却并不能完全适用于政府购买养老服务。

一、推进基本立法

我国现有政府购买养老服务基本法律的缺失使得政府购买养老服务制度难以形成一个完整的法律体系,同时也有可能导致政府购买养老服务制度在各地推行时因缺乏上位法作为强有力的支撑而很难得到落实,并且还可能出现无法约束政府购买养老服务中相关主体的行为,从而损害老年人的合法权益的情况。所以,统辖养老服务的《养老服务促进法》这一基本法,必要而迫切,值得高度期待。

第一,养老服务体系建设乃一项需长期持续性推进的系统工程,要实现其既定目标,弥补当前法律调整的诸多空白,充分保护养老服务当事人合法权益,必须对养老服务进行一般法意义上的基本立法,以此建立起法治保障的长效机制。唯有如此,才能契合老龄化社会对养老服务的现实要求,有效预防、减少和解决养老服务纠纷,推动养老服务更好更快地发展。同时,只有通过这一基本立法途径,才能充分发挥法的指引、评价、教育、预测和强制等作用。特别是在我国通过凸显政策性、宣示性等与传统管理型立法有着不同特征及优势的促进型立法之路,以政策法方式来大力推动我国养老服务业发展,更能实现法治要求及其实效性(于新循,2011)。

第二,政府购买养老服务是养老服务领域的重要构成,通过该法设置明确对应的基本条款,如"各级人民政府对适合采取市场化方式提供、社会力量可以承担的养老服务事项,应当通过政府购买服务的方式实现"等规定,从最高位阶的基本法高度来最大化促进政府购买养老服务的法治化。

第三,已实施的地方立法如《天津市养老服务促进条例》(2015年2月,我国首部促进养老服务发展的地方性法规)、《浙江省社会养老服务促进条例》(2015年3月)、《青岛市养老服务促进条例》(2015年5月)、《成都市养老服务促进条例》(2016年8月)、《宁夏回族自治区养老服务促进条例》(2017年1月)等,都可提供有益借鉴。

事实上,授权立法在政府购买养老服务中被广泛运用,在实际操作过程中形成了先地方后中央的立法经验与可行模式。当然,随着立法实践的深入,为避免部门和地方立法的恶性膨胀,授权立法不宜过分使用,经授权立法形成的部门和地方规定也应当按照《立法法》要求尽快上升层级。

二、加强专门立法

一方面，建议适时升格制定以"新办法"即现行《政府购买服务管理办法》等为基础（可以说"新办法"的这次重要修改也为未来升格奠定了坚实基础），堪称政府购买养老服务等公共服务领域一般法（相对于《政府采购法》又可谓特别法），彰显"规范为本兼与促进"规制目标的《政府购买服务条例》。

对于政府购买服务立法的路径选择，即是否有必要专门制定《政府购买服务条例》这一特别法或其他，意见不一。例如，刘玉姿和刘连泰（2016）基于政府购买服务从属于政府采购的关系而认为，"政府购买公共服务立法应当在《政府采购法》的框架下展开；要么遵循老路，由《政府采购法》进一步明确纳入政府购买公共服务，细化关于服务采购的规定；要么在老路上新辟岔路，由国务院制定《政府采购法》实施细则，明确政府购买公共服务的规定。"其实，这虽然与我们主张的具体路径有所不同，但都体现了强化政府购买服务专门立法的共同所求。而鉴于政府购买服务的特别与重要，相对于制定《政府采购法》实施细则（国务院 2015 年即已发布与施行了《政府采购法实施条例》）等主张，专门制定《政府购买服务条例》无疑才是根本之道。显然，基于前述政府购买服务本身之重要以及政府采购与政府购买服务之关系的考量，在既有《政府采购法》这一基本制度上再专门制定《政府购买服务条例》，可谓必要之至，理所应当。

另一方面，特别是当下应尽快出台部门规章《政府购买养老服务管理办法》，其实，该拟定的部门规章本身就是《政府采购法》《政府购买服务管理办法》等的具体延伸和重要配套。并且，前述提及已有一定数量的如《四川省政府购买居家养老服务实施办法》《安徽省政府购买养老服务实施办法》《青海省政府向社会力量购买养老服务实施办法》《成都市政府购买养老服务实施办法》《内蒙古自治区政府向社会力量购买服务管理办法》《太原市政府购买养老服务实施暂行办法》《青岛市政府购买养老服务管理办法》《郑州市政府购买养老服务暂行办法》《河南省政府购买养老服务实施办法（试行）》等规范性文件，都可提供充分借鉴。

至于如何拟制该部门规章的体例结构，本书建议按分章分条式进行设计，并可包括第一章"总则"、第二章"政府购买养老服务的主体"、第三章"政府购买养老服务的内容"、第四章"政府购买养老服务的程序与方式"、第五章"政府购买养老服务的管理与监督"、第六章"政府购买养老服务的促进措施"、第七章"附则"。

毕竟，从法律属性来看，在以规范性文件为主、法律为辅的规制格局下，这些规范性文件尚不能被称为严格意义上的法而只是一种非正式制度，尤其是虽然具有宣传、指导和倡议的作用，但法律效力终究不高。所以，有必要因应政府购买养老服务法治化而提高立法层级，并在专门立法方面升格制定行政法规《政府购买服务条例》并尽快制定部门规章《政府购买养老服务管理办法》，以期通过契合顶层设计以及本条例与部门规章等的制定来具体推进我国政府购买养老服务的制度健全。诚然，该立法能否如愿而至以及能否有效推进政府购买养老服务符合预期地法治化，还有待研究的继续跟进与现实的具体回应。

三、"硬法软法和谐共治"

（一）二者之别

"软法"亦法，只是非典型意义的法。"软法"的概念最初起源于国际公法，按照法国学者施奈德于1994年所作的界定，"软法是原则上没有法律约束力但有实际效力的行为规则"。相较于"硬法"由国家强制力保障实施的直接约束力，"软法"这类成文性规则虽不具有直接法律约束力，但仍可间接产生某种类似法律效果的现实影响力，具有凸显的效率、补充与转化价值。

1. 软法的理论基础

主要包括：一是法多元化理论，即一个社会中的法律不仅包括国家制定的法律，而且包括来自社会各个阶层自己制定的法律。二是回应型法理论。例如，美国法学教授诺内特和塞尔兹尼克就提出压制型法→自治型法→回应型法，强调秩序是协商而定的，而非通过服从应得的，在义务性、强制性弱化下讲求法律规则具有开放性、弹性及效率性。三是活法理论。由法社会学创始人奥地利思想家埃尔利希提出来的，认为"软法"是与国家实施的法律相对应的社会实践的法律，其实践作用远远大于国家制定法的作用。

2. 软法的具体渊源

在商法或经济法意义上，除了政策这一现代"软法"的极重要渊源（经济法本身在很大程度上也可称为政策法），还集中表现为具有选择性尚未生效的公约（协定）、《国际商事合同通则》等示范法、《上市公司社会责任指引》等指引性规范、ISO9000 质量管理体系及 ISO14000 环境管理体系等专业标准、公司章程等内部自治法，等等。

3. 软法与硬法的应然关系

"软法"可谓是"源"，"硬法"可谓是"流"，如我国《合同法》这一"硬法"便是对《国际商事合同通则》这一"软法"中诸多规定的采纳。而"硬法软法和谐共治"正可谓现代法治的一大景象。

（二）二者之治

许益军（2014）指出："与西方发达国家购买公共服务以应对福利国家危机、减少财政支出、提高服务效率的初衷不同，我国政府则是在不断加大对公共服务投入的背景下，力图通过政府购买公共服务进一步加强政府治理能力建设，加快形成改善公共服务的合力。"

所以，基于政府—市场—社会的一体视域①，并在"硬法软法和谐共治"这一现代法治景象下通过政策法规体系的顶层设计与制度健全，即以《养老服务促进法（拟）》《老年人权益保障法》《合同法》（现已成为《民法典》中合同编）、《政府采购法》及其《政府采购法实施条例》《政府购买服务管理办法》，以及本书建议进而制定的《政府购买服务条例（拟）》《政府购买养老服务管理办法（拟）》等为基本架构的法规体系，加之以前述"政策法规的因势利导"的政策促进体系，共同构筑起追求"规范为本兼与促进"的规制目标的政府购买养老服务法治体系（于新循，2017），这值得我们努力与期待！

---

① 王浦劬教授总结西方国家政府购买服务的发展经历，分析了我国政府购买的基本情况，提出通过政府、市场和社会三方联合构建政府购买服务的新方案。参见王浦劬、［美］莱斯特·萨拉蒙：《政府向社会组织购买公共服务研究：中国与全球经验分析》，北京：北京大学出版社，2010 年。

参考文献

[1][德]哈特穆特·毛雷尔:《行政法学原论》,高家伟译,北京:法律出版社,2000年。

[2][德]弗里德赫尔穆·胡芬:《行政诉讼法》,莫光华译,北京:法律出版社,2003年。

[3][法]莱昂·狄骥:《公法的变迁·法律与国家》,郑戈、冷静译,沈阳:辽海出版社、春风文艺出版社,1999年。

[4][美]埃莉诺·奥斯特罗姆:《集体行动制度的演进》,余逊达、陈旭东译,上海:上海译文出版社,2012年。[美]珍妮特·登哈特、罗伯特·登哈特:《新公共服务:服务,而不是掌舵》,丁煌译,北京:中国人民大学出版社,2010年。

[5][美]戴维·奥斯本、特德·盖布勒:《改革政府——企业精神如何改革着公营部门》,上海市政协编译组、东方编译所编译,上海:上海译文出版社,1996年。

[6][美]道格拉斯·诺思、罗伯斯·托马斯:《西方世界的兴起》,厉以平、蔡磊译,北京:华夏出版社,2009年。

[7][美]菲利普·库珀:《合同制治理——公共管理者面临的挑战与机遇》,竺乾威译,上海:复旦大学出版社,2007年。

[8][美]盖伊·彼得斯:《政府未来的治理模式》,吴爱民等译,北京:中国人民大学出版社,2001年。

[9][美]霍姆斯:《普通法》,冉昊、姚中秋译,北京:中国政法大学出版社,2006年。

[10][美]莱斯特·萨拉蒙:《公共服务中的伙伴——现代福利国家中政府

与非盈利组织的关系》，田凯译，北京：商务印书馆，2012年。

[11]［美］莱斯特·萨拉蒙：《全球公民社会——非营利部门的视界》，北京：社会科学文献出版社，2002年。

[12]［美］迈克尔·迈金尼斯：《多中心体制与地方公共经济》，毛寿龙译，上海：上海三联书店，2000年。

[13]［美］尼尔·杰尔伯特：《社会福利的目标定位——全球发展趋势与展望》，郑秉文等译，北京：中国劳动社会保障出版社，2004年。

[14]［美］欧内斯特·盖尔霍恩等：《行政法和行政程序概要》，黄列译，北京：中国社会科学出版社，2002年。

[15]［美］萨瓦斯：《民营化与公私部门的伙伴关系》，周志忍等译，北京：中国人民大学出版社，2002年。

[16]［美］唐纳德·凯特尔：《权力共享公共：治理与私人市场》，北京：北京大学出版社，2009年。

[17]［美］文森特·奥斯特罗姆：《美国公共行政的思想危机》，毛寿龙译，上海：上海三联书店，1999年。

[18]［英］亚当·斯密：《国民财富的性质和原因的研究》（下卷），北京：商务印书馆，1996年。

[19] 曹斌斌：《政府购买公共服务的法律规制研究》，西南政法大学2015年硕士学位论文。

[20] 曹海青：《四分法：政府购买公共服务中行政职责新解》，《湖北警官学院学报》2014年第8期。

[21] 常江：《美国政府购买服务制度及其启示》，《政治与法律》2014年第1期。

[22] 陈静：《养老机构发展的瓶颈问题及其化解探析——以天津市为例》，《社科纵横》2012年第10期。

[23] 陈爽：《政府购买居家养老服务法律制度研究》，西南政法大学2016年硕士学位论文。

[24] 陈思融、章贵桥：《民营化、逆民营化与政府规制革新》，《中国行政管理》2013年第10期。

［25］陈天祥：《新公共管理——政府再造的理论与实践》，北京：中国人民大学出版社，2007年。

［26］陈英姿、满海霞：《中国养老公共服务供给研究》，《人口学刊》2013年第1期。

［27］储亚萍：《论政府"做精明买主"的重要性——评唐纳德·凯特尔的〈权力共享：公共治理与私人市场〉》，《云南行政学院学报》2010年第3期。

［28］邓海建：《"老有善养"须向市场求解》，人民网，http://opinion.people.com.cn/n/2014/1008/c1003-25790110.html。

［29］邓念国：《西方国家社会保障的民营化——新制度主义视角》，北京：知识产权出版社，2009年。

［30］丁煌：《西方行政学说史》，武汉：武汉大学出版社，2004年。

［31］方虹：《政府采购制度在美国》，《人民政坛》2002年第1期。

［32］冯艺：《推广政府购买服务 倒逼事业单位改革》，《中国政府采购报》2014年1月17日。

［33］高秦伟：《行政私法及其法律控制》，《上海行政学院学报》2004年第4期。

［34］葛自丹：《政府购买公共服务合同中的法律责任》，《辽宁警察学院学报》2017年第4期。

［35］谷辽海：《政府采购监督检查制度有待完善》，《中国经济时报》2006年1月11日。

［36］郭道晖：《人权的国家保障义务》，《河北法学》2009年第8期。

［37］郭彦宏：《地方政府购买公共服务的风险及其防范研究》，电子科技大学2014年硕士学位论文。

［38］韩凤芹、武靖州、万寿琼：《政府购买科技服务及其预算管理的国际做法与启示》，《经济研究参考》2015年第19期。

［39］韩俊魁：《当前我国非政府组织参与政府购买服务的模式比较》，《经济社会体制比较》2009年第6期。

［40］胡海：《我国的非政府组织与群体性事件治理》，《湖南大学学报》（社会科学版）2013年第9期。

[41] 胡敏洁：《论政府购买公共服务合同中的公法责任》，《中国法学》2016年第4期。

[42] 吉鹏：《社会养老服务主体间关系解析》，《社会科学战线》2013年第6期。

[43] 吉鹏：《政府购买养老服务研究综述》，《四川行政学院学报》2014年第3期。

[44] 吉鹏、李放：《政府购买居家养老服务的绩效评价：实践探索与指标体系建构》，《理论与改革》2013年第3期。

[45] 贾玉娇：《中国养老服务体系建设中的突出问题与解决思路》，《求索》2017年第10期。

[46] 江必新：《中华人民共和国行政诉讼法理解适用与实务指南》，北京：中国法制出版社，2015年。

[47] 姜工琼：《浅谈我国政府购买养老服务监督制度研究》，《医学与法学》2018年第5期。

[48] 焦述英：《关于政府购买公共服务的探讨》，《行政与法》2010年第5期。

[49] 敬义嘉：《中国公共服务外部购买的实证分析——一个治理转型的角度》，《管理世界》2007年第2期。

[50] 句华、杨腾原：《养老服务领域公私伙伴关系研究综述——兼及事业单位改革与政府购买公共服务的衔接机制》，《甘肃政法学院学报》2015年第3期。

[51] 句华、杨腾原：《政府购买公共服务与事业单位改革衔接条件研究》，《国家行政学院学报》2017年第1期。

[52] 卡佳：《"购买服务"政府的钱不好花》，《社区》2005年第9期。

[53] 雷雨若、王浦劬：《西方国家福利治理与政府社会福利责任定位》，《国家行政学院学报》2016年第2期。

[54] 李步云：《法的人本主义》，《法学家》2010年第1期。

[55] 李成刚：《基于美国政府采购制度的比较研究》，《中国政府采购》2010年第7期。

[56] 李崇义：《关于民办非企业单位立法的思考》，《中国民政》2003年第9期。

[57] 李春霞、巩在暖、吴长青：《体制嵌入、组织回应与公共服务的内卷化——对北京市政府购买社会组织服务的经验研究》，《贵州社会科学》2012年第12期。

[58] 李丹：《非营利组织参与政府购买公共服务的财税法律问题研究》，西南政法大学2015年硕士学位论文。

[59] 李东林、杨海洪：《契约合作：地方政府公共服务购买的选择与实践——以正茂社区"居家养老服务"和"酷中国2009低碳"项目为例》，《宁夏大学学报》（社会科学版）2009年第6期。

[60] 李海平：《政府购买公共服务法律规制的问题与对策——以深圳市政府购买社工服务为例》，《国家行政学院学报》2011年第5期。

[61] 李娟、丁良超：《从政府购买养老服务看政府与社会组织的协同关系》，《理论探索》2019年第2期。

[62] 李蕊：《公共服务供给权责配置研究》，《中国法学》2019年第4期。

[63] 李文杰：《政府购买养老服务中的老年人参与问题研究——以上海市为例》，华东师范大学2018年博士学位论文。

[64] 李源：《政府购买公共服务监督法律制度研究》，西南政法大学2015年硕士学位论文。

[65] 林芳：《公私合作行政法规制研究》，安徽财经大学2017年硕士学位论文。

[66] 林鸿潮：《第三方评估政府法治绩效的优势、难点与实现途径》，《中国政法大学学报》2014年第4期。

[67] 林闽港、周正：《政府购买社会服务：何以可能与何以可为》，《江苏社会科学》2014年第3期。

[68] 林万忆：《福利国家——历史比较分析》，台北：巨流图书公司，1994年。

[69] 刘红梅：《居家养老服务合同中主体责任研究》，天津商业大学2014年硕士学位论文。

[70] 刘灵芝：《中国公民养老权论》，吉林大学 2007 年博士学位论文。

[71] 刘世坚：《当"PPP"遭遇"政府购买服务"》，中国 PPP 门户网，http://www.chinappp.cn/newscenter/newsdetailpolicy_2199.html。

[72] 刘威：《试论 1965 年〈美国老年人法〉的诞生及对我国老龄政策的启示》，《社会科学论坛》2012 年第 3 期。

[73] 刘玉姿、刘连泰：《老路还是新路：政府购买公共服务的立法途径》，《中国行政管理》2016 年第 3 期。

[74] 刘源：《理顺政府与市场的关系》，中华人民共和国国史网，http://www.hprc.org.cn/leidaxinxi/jjst/201311/t20131119_254530.html。

[75] 刘真珍：《契约类公法行为的司法审查研究——以实务中的行政合同为例》，《法制与社会》2011 年第 23 期。

[76] 刘祖云：《政府与非政府组织关系：博弈、冲突及其治理》，《江海学刊》2008 年第 1 期。

[77] 柳砚涛：《行政法中的私法适用研究》，《中国行政法之回顾与展望——"中国行政法二十年"博鳌论坛暨中国法学会行政法学研究会 2005 年年会论文集》。

[78] 马晨光：《审理雇员受害赔偿责任纠纷案件〈侵权责任法〉的适用问题》，沈阳市中级人民法院网，http://syzy.chinacourt.gov.cn/article/detail/2014/10/id/3431182.shtml。

[79] 马庆钰、谢菊：《政府购买社会组织服务的规范化》，《理论探讨》2012 年第 6 期。

[80] 牟永福、王海英：《政府购买居家养老服务的运行困境及破解路径》，《经济研究参考》2015 年第 40 期。

[81] 倪东生、张艳芳：《养老服务供求失衡背景下中国政府购买养老服务政策研究》，《中央财经大学学报》2015 年第 11 期。

[82] 宁昊然、杨传秀：《山东将实行政府购买养老服务 推行高龄津贴》，中国新闻网，http://www.chinanews.com/df/2011/12-25/3557303.shtml。

[83] 潘屹：《优化整合城乡资料，完善社区综合养老服务体系——上海、甘肃、云南社区综合养老服务体系研究》，《山东社会科学》2014 年第 3 期。丁

建定、李薇:《论中国居家养老服务体系中的核心问题》,《探索》2014年第5期。

[84] 彭华民、黄叶青:《福利多元主义:福利提供从国家到多元部门的转型》,《南开学报》(社会科学版)2006年第6期。

[85] 齐海丽:《政府与社会组织依赖关系的发生机理与治理之道——基于政府购买社会组织服务的视角》,《学习与实践》2016年第2期。

[86] 乔鑫:《政府购买养老服务的立法对策研究》,《法制与经济》2017年第11期。

[87] 任海青:《民营化、政府规制与行政特许》,《扬州大学学报》(社会科学版)2016年第3期。

[88] 尚虎平、杨娟:《公共项目暨政府购买服务的责任监控与绩效评估——美国〈项目评估与结果法案〉的洞见与启示》,《理论探讨》2017年第4期。

[89] 世界银行:《世界银行2004年发展报告:让服务惠及穷人》,北京:中国财政经济出版社,2004年。

[90] 宋月欣:《政府购买公共服务监管的法律问题研究》,辽宁大学2017年硕士学位论文。

[91] 宋智慧、曹传振:《政府购买公共服务的法律性质与制度完善》,《河南工程学院学报》(社会科学版)2017年第2期。

[92] 苏丽亚、曹海青:《政府购买公共服务违约责任归责原则探析》,《人民论坛》2015年第7期。

[93] 孙洁:《PPP项目的绩效评价研究》,北京:经济科学出版社,2010年。

[94] 孙玉霞:《对政府购买服务相关问题与风险的对策建议》,《中国财政》2015年第22期。

[95] 谭朴珍:《政府购买公共服务的行政法治化研究》,华东政法大学2014年博士学位论文。

[96] 万勇:《完善政府购买养老服务研究——以安徽省为例》,《经济研究参考》2017年第33期。

[97] 汪锦军：《政府购买公共服务与非营利组织的角色——基于北京、浙江两地的问卷调查数据分析》，《中共浙江省委党校学报》2012年第3期。

[98] 汪怡：《政府购买居家养老服务运行机制研究——以南京市为例》，南京师范大学2015年硕士学位论文。

[99] 王碧君：《政府购买公共服务的法律规制研究》，辽宁大学2016年硕士学位论文。

[100] 王春婷：《政府购买公共服务的研究综述》，《社会主义研究》2012年第2期。

[101] 王丛虎：《政府购买公共服务的底线及分析框架的构建》，《国家行政学院学报》2015年第1期。

[102] 王丛虎：《政府购买公共服务与行政法规制》，《中国行政管理》2013年第9期。

[103] 王凤岩：《政府购买服务促进中小企业科技创新路径研究——基于国内外实践的分析》，《现代管理科学》2016年第5期。

[104] 王枫云、林志聪：《基层政府公关服务购买的现状与未来策略设计》，《上海城市管理》2012年第1期。

[105] 王花：《公共服务合同的法律制度思考》，《天津市政法管理干部学院学报》2007年第4期。

[106] 王家峰：《福利国家改革：福利多元主义及其反思》，《经济社会体制比较》2009年第5期。

[107] 王静：《我国政府购买养老服务问题研究》，辽宁大学2015年硕士学位论文。

[108] 王俊超、周鸿：《新时代政府购买养老服务体系优化研究——以广西为例》，《改革与战略》2018年第3期。

[109] 王克稳：《政府合同研究》，苏州：苏州大学出版社，2007年。

[110] 王克稳：《政府业务委托外包的行政法认识》，《中国法学》2011年第4期。

[111] 王利明：《关于民法典合同编中若干问题的思考》，《人民法院报》2019年11月7日。

[112] 王利明：《论第三人利益合同》，《法制现代化研究》2002 年第 8 卷。

[113] 王龙兴：《政府购买服务与 PPP 的五大区别》，《中国财经报》2017 年 7 月 13 日。

[114] 王名扬：《法国行政法》，北京：中国政法大学出版社，1998 年。

[115] 王名扬：《英国行政法》，北京：中国政法大学出版社，1987 年。

[116] 王浦劬、［美］莱斯特·萨拉蒙：《政府向社会组织购买公共服务研究：中国与全球经验分析》，北京：北京大学出版社，2010 年。

[117] 王浦劬、［英］郝秋笛：《政府向社会力量购买公共服务发展研究：基于中英经验的分析》，北京：北京大学出版社，2016 年。

[118] 王树文：《我国政府公共服务：市场化改革与政府管制创新》，北京：人民出版社，2013 年。

[119] 王睍昀、刘亚娜、李春：《政府向社会组织购买养老服务中的责任链条及框架体系构建》，《改革与战略》2015 年第 2 期。

[120] 王旭嘉、梁栋：《基于系统动力学的政府购买养老服务过程管理仿真研究》，《新疆大学学报》（社会科学版）2014 年第 4 期。

[121] 王泽彩：《政府购买服务改革从注重"实效"转为注重"绩效"》，《经济参考报》2018 年 8 月 1 日。

[122] 王卓祺、艾伦·沃克：《西方社会政策理念与 21 世纪中国福利事业的发展》，《社会学研究》1998 年第 5 期。

[123] 吴文嫔：《论第三人合同权利的产生——以第三人利益合同为范式》，《比较法研究》2011 年第 5 期。

[124] 吴玉韶、王莉莉：《中国养老机构发展研究报告》，北京：华龄出版社，2015 年。

[125] 吴月：《政府购买公共服务的偏离现象及其内在逻辑研究》，《求实》2015 年第 10 期。

[126] 武君宇：《关于公共服务合同的法理思考——建立在政府购买公共服务的基础上》，山西财经大学 2009 年硕士学位论文。

[127] 项显生：《略论我国政府购买公共服务承接机制》，《河南社会科学》2014 年第 10 期。

[128] 项显生：《论我国政府购买公共服务主体制度》，《法律科学》2014年第5期。

[129] 项显生：《我国政府购买公共服务边界问题研究》，《中国行政管理》2015年第6期。

[130] 肖光坤：《拓展政府购买公共服务范围的法治化思考》，《行政与法》2015年第5期。

[131] 徐家良：《政府购买社会组织公共服务的法律文本分析》，首都经贸大学国际会议PPT文稿，2011年5月22日。

[132] 徐家良：《政府购买社会组织公共服务制度化建设若干问题研究》，《国家行政学院学报》2016年第1期。

[133] 徐家良、赵挺：《政府购买社会组织公共服务的现实困境与路径创新：基于上海的实践》，《中国行政管理》2013年第8期。

[134] 徐家良、赵挺：《政府购买居家养老服务的运行困境及破解路径》，《中国行政管理》2013年第8期。

[135] 徐双敏：《提高第三方评估的公信力》，《人民日报》2015年6月15日。

[136] 徐庭祥：《论我国私人承担行政任务的行政法规范模式选择——基于德国主观主义模式与法国客观主义模式的比较》，《西南政法大学学报》2013年第2期。

[137] 许燕：《我国政府购买公共服务的界限分析》，《河北法学》2015年第11期。

[138] 许益军：《政府购买公共服务：从制度设计到操作细节》，《群众》2014年第2期。

[139] 许宗力：《法与国家权力》，台北：月旦出版社，1998年。

[140] 薛虹：《为第三人利益合同中的受益人》，《法学研究》1994年第2期。

[141] 闫海、张天金：《论公用事业特许经营的法律定性——兼议公共服务供给的私法机制》，《华东理工大学学报》（社会科学版）2011年第1期。

[142] 杨安华：《逆向合同外包：国外民营化发展的新取向》，《行政论坛》2010年第6期。

[143] 杨安华：《西方国家公共服务合同外包研究的进展与趋势》，《甘肃行政学院学报》2009 年第 6 期。

[144] 杨成、刘潇潇：《论政府购买公共服务中的公众参与》，《行政与法》2016 年第 10 期。

[145] 杨方方、陈少威：《政府购买公共服务的发展困境与未来方向》，《财政研究》2014 年第 2 期。

[146] 杨桦、刘权：《政府公共服务外包——价值、风险及法律规制》，《学术研究》2011 年第 4 期。

[147] 杨明伟：《新公共服务理论述评》，《四川行政学院学报》2005 年第 2 期。

[148] 杨欣：《公共服务合同外包中的政府责任研究》，北京：光明日报出版社，2012 年。

[149] 应佳烜：《广东省政府购买科技服务的机制研究》，华南理工大学 2015 年硕士学位论文。

[150] 游可娟：《论我国政府购买公共服务的法律监管》，华南理工大学 2016 年硕士学位论文。

[151] 于伟：《新公共管理与新公共服务理论的比较研究——整合的视角》，《社科纵横》2007 年第 11 期。

[152] 于新循：《论我国养老服务业之市场化运行模式及其规范——基于公建民营、民办公助和以房养老的法律分析与探讨》，《四川师范大学学报》（社会科学版）2010 年第 1 期。

[153] 于新循：《我国养老服务法制建构中的几个基本问题》，载王崇敏主编：《法学经纬》，法律出版社 2011 年。

[154] 于新循：《我国政府购买养老服务的法制探讨：规制与促进》，《四川师范大学学报》（社会科学版）2017 年第 4 期。

[155] 于新循、袁维勤：《养老服务的权益维护与保障》，《重庆社会科学》2011 年第 7 期。

[156] 俞可平：《治理与善治》，北京：中国社会科学出版社，2000 年。

[157] 喻倩媛、马兰：《四川省出台政府购买服务管理办法 首次明确购买流程》，四川省人民政府网，http：//www.sc.gov.cn/10462/10464/10797/2016/

1/4/10363964. shtml。

[158] 袁曙宏：《服务型政府呼唤公法转型——论通过公法变革优化公共服务》，《中国法学》2006年第3期。

[159] 袁维勤：《公法、私法区分与政府购买公共服务三维关系的法律性质研究》，《法律科学》2012年第4期。

[160] 袁维勤：《政府购买养老服务问题研究》，西南政法大学2012年博士学位论文。

[161] 袁维勤、于新循：《我国政府购买养老服务中的平等权维护——基于有关区别对待规定的审视与选择》，《四川师范大学学报》（社会科学版）2011年第3期。

[162] 袁园：《政府购买公共服务制度研究》，中南民族大学2012年硕士学位论文。

[163] 张偲、温来成：《界定政府购买公共服务边界的政策建议》，中国政府采购网，http：//www.ccgp.gov.cn/gpsr/lltt/201805/t20180528_ 9995163.htm。

[164] 张昌瑞、李家宝：《行政私法行为研究》，《山西青年管理干部学院学报》2013年第1期。

[165] 张家勇：《为第三人利益的合同的制度构造》，北京：法律出版社，2007年。

[166] 张恺悌、郭平：《美国养老》，北京：中国社会出版社，2010年。

[167] 张梦婉：《政府购买公共服务法理基础的重构——以公民权利为中心》，《天府新论》2015年第1期。

[168] 张民安：《论为第三人利益的合同》，《中山大学学报》（社会科学版）2004年第4期。

[169] 张敏：《政府购买公共服务后的行政担保责任》，《行政论坛》2015年第5期。

[170] 张佩茹：《政府购买养老服务的风险防范》，《安阳工学院学报》（社会科学版）2016年第5期。

[171] 张千帆：《宪法学导论（第一版）》，北京：法律出版社，2004年。

[172] 张汝立：《外国政府购买社会公共服务研究》，北京：社会科学文献

出版社，2014 年。

［173］张汝立、陈书洁：《西方发达国家政府购买社会公共服务的经验和教训》，《中国行政管理》2010 年第 11 期。

［174］张淑谦、傅建敏、张铁山：《国内外养老服务业发展研究综述》，《新西部》（理论版）2014 年第 17 期。

［175］张雅勤：《公共性：政府购买公共服务的价值取向》，《中国社会科学报》2018 年 11 月 7 日。

［176］张裕：《政府购买居家养老服务合同中老年人权益保护问题研究》，天津商业大学 2013 年硕士学位论文。

［177］章晓懿：《政府购买养老服务模式研究：基于与民办组织合作的视角》，《中国行政管理》2012 年第 12 期。

［178］赵淑钰：《我国政府购买公共服务的行政法规制》，中国社会科学院研究生院 2013 年硕士学位论文。

［179］郑曙光、骆路金：《经济法视野下政府购买公共服务探析》，《经济法学家》2014 年第 1 期。

［180］周俊：《政府购买公共服务的风险及其防范》，《中国行政管理》2010 年第 6 期。

［181］周雪：《我国政府购买养老服务法制化研究》，长春理工大学 2016 年硕士学位论文。

［182］周月清：《英国社区照顾：源起与争议》，台北：五南图书公司，2000 年。

［183］周兆安、周涛、张旻宇：《关于政府购买养老服务指导理念的思考》，《中国民政》2015 年第 24 期。

［184］朱慧杰：《政府购买养老服务主体的法律问题研究》，辽宁大学 2018 年硕士学位论文。

［185］朱世达：《美国市民社会研究》，北京：中国社会科学出版社，2005 年。

［186］朱玉知、张雯：《政府购买养老服务的优化治理——基于合同制治理理论的思考》，《改革与战略》2009 年第 1 期。

［187］宗佳禄：《论经济法视野下的政府购买服务》，宁波大学 2013 年硕士学位论文。

后 记

本书作为本人主持的 2015 年教育部项目的结题之作,从开始撰写到 2019 年 12 月的初稿完成,似乎不长,满算一年而已。随后的 2020 年不幸遭遇百年未见之新冠大疫情,居家期间便趁此精雕细刻地一再修稿,也是难得。不过,倘若细究该书真正的开始撰写时间,便要回溯至本人开始触碰养老服务法治问题的 2006 年,而算此则较长了。以至于不免有所叹然,竟然 14 年已去。

经这 14 年,已老渐至而时有莫名沧桑。回念中固然不避所失,但却更有所获,且最大所获的生活感知便是:真实就好。

确实,看着个人这 14 年来在这一领域已然有所堆砌的诸篇论文与课题成果,也着实难掩一丝得意,甚至之前还曾在本书"内容简介"中加上了一句"此书亦乃本人从事该领域法治研究的一大集成"。不过,最后还是删去了事。毕竟,个人虽从事该领域研究有些时日,却并未真正聚精会神地以学术主业对待之、投入之。自然,耕耘收获,因果对价,这些成果的学术水平也更多只是"平平实实"而已。当然,平平实实乃为真:真实就好。

窃以为,真实即认真,认真即真实。长期以来,坚持自己奉行,亦让研究生同样奉行的就是:态度决定一切。

正所谓,"内化于心,外化于行"。恰是于此之下虽限于学识但颇有自知,明知拙著远非金石之作,甚至也就是读者寥寥之书阁之作,但却未敢有丝毫懈怠与粗疏,仍是字字、句句、段段地精耕细作——敝帚更当自珍。

此书得以顺利完成,得益于多方支持。一者,承蒙教育部、四川师范大学给予本书的出版资助,谨致谢忱。再者,参与校稿的达州市中级人民法院郑庆莎忙中坚持,难能可贵。本人的其他几位在校研究生张雅露、陈昊、宋洋、白致远、薛贤琼等,认真细致,特此一并鸣谢。

付梓之际,感感念念,最为特别的心境与祈愿就是:写着养老,走向养老;天下愿景,老有善养!

于新循

2020年3月26日于成都市大面百悦城天鹅湖